CW00376099

gente

Curso comunicativo basado en el enfoque por tareas

Ernesto Martín Peris
Nuria Sánchez Quintana
Neus Sans Baulenas
Tono Vañó Aymat

Libro de trabajo y resumen gramatical

gente

Libro de trabajo y resumen gramatical 3

Autores:
Ernesto Martín Peris
Nuria Sánchez Quintana
Neus Sans Baulenas
Tono Vañó Aymat

Coordinación editorial y redacción:
Montse Belver
Agustín Garmendia

Corrección:
Pablo Garrido

Diseño y dirección de arte:
Ángel Viola

Maquetación:
Mariví Arróspide

Ilustración:
Pere Virgili y Ángel Viola

Fotografías:
Martina Soler (pág. 6), María Moliner (pág. 7), Kobal, Fernando Trueba P.C. S.A., Fernando Trueba, Teresa Isasi (pág. 20), Amiguetes Entertainment S.L. (pág. 24), Alfred Nobel (pág. 40), Secretaría de Turismo de la Nación de la República Argentina (pág. 48), Consejo de Promoción Turística de México (pág. 120), Yolanda Ferreras y Tomas Ferreras (pág. 21), Resti García (pág. 35 y 78), Roberto Castón, (pág. 48 y 139), Sara Polo, Nuria Sánchez y Eugènia Vilà (pág. 49), Tono Vañó (pág. 69 y 85), Eva Llorens y Sergi Gifre (pág. 82), Eduard Sancho, Pol Wagner y Manuel Belver (pág. 96), Manuel Villena (pág. 120).

Textos:
© "Cómo llegar al 7 de enero", *Manuel de supervivencia* de Quim Monzó (pág. 124)
© Diario La Vanguardia, S. L.: "Entrevista a Elisabeth Marx" de Eulàlia Furriol (pág. 123)

Agradecimientos:
Embajadas de Argentina y de México, Carmina Ramón Moliner, Bibiana Abelló, Mireia Boadella, Jaime Corpas, Jimena Fernández, Mila Lozano, Edith Moreno, Núria París, Lourdes Teixidó, Carlos Yélamos.

2002   2003   2004   2005   2006 / 5 4 3 2 1

© Los autores y Difusión, S.L. Barcelona 2002

ISBN: 84-89344-30-2
Depósito Legal: M-23213-02

Impreso en España por RARO Producciones, S.L., Madrid.
Este libro está impreso en papel ecológico.

DIFUSIÓN

Centro de Investigación y Publicaciones de Idiomas, S.L.

C/Trafalgar, 10, entlo. 1ª - 08010 BARCELONA. Tel. (93) 268 03 00 - Fax (93) 310 33 40
e-mail: editorial@difusion.com
www.difusion.com

Libro de Trabajo y Resumen Gramatical

Este *Libro de trabajo y resumen gramatical* se distribuye en doce unidades, correspondientes a las doce secuencias que presenta *Gente 3 Libro del alumno.*

Gente 3 Libro de Trabajo y Resumen Gramatical tiene como finalidad primordial consolidar los conocimientos y las destrezas lingüísticas que se han desarrollado con las actividades del *Libro del alumno*, del cual es complemento imprescindible. Para ello proporciona ejercicios, en su mayor parte de ejecución individual, centrados en aspectos particulares del sistema lingüístico (fonética, morfosintaxis, vocabulario, ortografía, estructuras funcionales, discursivas y textuales, etc.) que se trabajan en las actividades de las tareas del *Libro del alumno*, y en los que se profundiza. Contiene, además, una gramática de consulta que da las claves para entender las dificultades gramaticales que presenta cada secuencia de GENTE 3.

Se ha estructurado pensando principalmente en el trabajo personal y en el desarrollo de la autonomía en el aprendizaje. Por tal motivo, cada unidad está dividida en tres grandes apartados.

I Un conjunto de **EJERCICIOS** necesarios para la consolidación de aspectos formales. En este nivel avanzado se ha prestado, además, especial atención al trabajo sobre el registro y sobre los aspectos discursivos.

Los ejercicios se describen en un índice que refiere los contenidos lingüísticos que se ejercitan.

De esta forma, profesores y alumnos pueden seleccionar o secuenciar el material según sus necesidades e intereses. Algunos ejercicios requieren la participación de otros compañeros y, por tanto, se tienen que realizar en el aula. Tales ejercicios se señalan con el símbolo ⮌.

El resto de ejercicios pueden realizarse de forma individual, fuera del aula, o bien pueden aprovecharse en la clase, al filo del desarrollo de las actividades del *Libro del alumno*.

II **ASÍ PUEDES APRENDER MEJOR**, un apartado dedicado al desarrollo de la autonomía y de las estrategias de aprendizaje. Aquí los alumnos realizan actividades en las que experimentan determinadas estrategias de comunicación o de aprendizaje (gestión del turno de palabra, cohesión discursiva, etc.). Por último, se ofrece una pequeña reflexión sobre el aspecto trabajado.

III Un **CONSULTORIO LINGÜÍSTICO**, que amplía y desarrolla los puntos tratados en las actividades del *Libro del alumno*. Las descripciones gramaticales, nociofuncionales y discursivas se ofrecen esencialmente en forma de material de consulta para resolver las dudas que planteen los ejercicios, –de ahí el nombre de la sección–, pero también para sistematizar los conocimientos que el alumno va adquiriendo.

gente con corazón

✓ Describir caracteres, actitudes y sentimientos.
✓ Relatar y valorar situaciones y hechos pasados.
✓ Justificar y criticar comportamientos.

Valorar a personas: **es un/una...**; adjetivo calificativo, etc.
Sustantivación del adjetivo: usos de **lo**.
Valorar un periodo: **fue una época/fueron unos años...**, etc.
Usos del verbo **pasar**.
Subordinadas sustantivas (II): Indicativo/Subjuntivo.
Organizadores y conectores: **en el fondo, por suerte, lo cierto es que**, etc.

gente utópica

✓ Quejarse de lo que no va bien.
✓ Hacer promesas.
✓ Exponer propuestas y argumentarlas.

Expresar rechazo: **no soporto, me molesta**, etc.
Para intensificar o resaltar un sentimiento: **muchísimo, enormemente; lo que más...; lo que me resulta**, etc.
Expresar deseos: **me gustaría, lo ideal sería**, etc.
Lo de (que)/Eso de (que): aludir a temas.
Garantizar: **en serio, ya lo verás, de verdad/veras**.
Estar **a favor** o **en contra**.
La finalidad (II): **para (que), a fin de/con vistas a (que)**.
Ventajas e inconvenientes: **la ventaja/lo bueno/lo malo/...** **es que**.
Quejarse, protestar: **¡Ya está bien!, es hora de...**, etc.
Verbos con preposición (III).

gente y productos

✓ Describir características y cualidades de un producto.
✓ Estructurar la información en un registro formal.
✓ Relacionar causas y consecuencias.
✓ Contraponer informaciones.

Formación de palabras (III): sustantivos derivados de verbos.
Posición del adjetivo calificativo.
Expresar causa: **por, debido a, gracias a**, etc.
Relaciones de causa-efecto: **como, dado que, puesto que**, etc.
Contraponer información: construcciones concesivas.
Adverbios acabados en **-mente**.
Organizadores discursivos: **en cuanto a, esto es, por tanto**, etc.
Aludir a un tema ya mencionado.
Verbos con preposición (IV).

gente y culturas

✓ Aproximación a costumbres y prácticas sociales.
✓ Consejos, advertencias y recomendaciones en este ámbito.

Se, le: verbos con o sin estos pronombres.
Verbos del tipo **gustar**: expresan afecto, sentimiento...
Acciones habituales: verbo **soler; generalmente/normalmente/..., lo más normal/frecuente...**, etc.
Impersonalidad: **se** impersonal, **la gente/todo el mundo** y 2ª persona con valor impersonal.
Subordinadas sustantivas (III): Indicativo/Subjuntivo.
Es que.../no es que...
Comparar: **parecerse a, ser parecido a**, etc.
Expresar deseos en despedidas: **que** + Subjuntivo.
Felicitar: **¡Feliz cumpleaños!, ¡Enhorabuena!**, etc.
Conectores discursivos: **en cuanto a, mientras que**, etc.
Verbos con preposición (V).

gente y emociones

✓ Plantear situaciones imaginarias y posibles reacciones ante ellas.
✓ Valorar comportamientos pasados.
✓ Hablar de habilidades.

Formación de palabras (IV): sustantivos derivados de adjetivos.
Pluscuamperfecto de Subjuntivo.
Condicional compuesto.
Construcciones condicionales (III): situaciones hipotéticas.
Como si.
Ponerse/ponerle.
Hablar de habilidades: **se + me/te/le/nos/os/les + dar, salirle (bien/mal/...), ser un... para.../en...**, etc.
Perífrasis verbales (II).
Circunstancias temporales: sin precisar y precisando.
Verbos y expresiones con preposición (VI).

gente justa

✓ Expresar juicios morales.
✓ Criticar y defender acciones y comportamientos.

Formación de palabras (V): adjetivos.
El/la/los/las + de: identificar a alguien ya mencionado.
Subordinadas sustantivas (IV): Indicativo/Subjuntivo.
Juicios morales: **está bien/mal, no está bien**, etc.
Usos del Condicional: el futuro en el pasado.
Construcciones condicionales: condicionales con **de**.
Las acciones y sus consecuencias.
Argumentar.
El Gerundio en forma negativa.
Verbos y expresiones con preposición (VII).

gente y palabras

Aquí encontrarás:

1 *El Diccionario de Uso del Español* de María Moliner es un auténtico mito cultural. En sus primeras ediciones recogía un peculiar sistema de orden de las palabras, agrupadas por familias, sin seguir un orden estrictamente alfabético. Observa cómo se agrupan las palabras en este diccionario, porque luego tú también vas a crear familias de palabras.

imprimir. ① Dejar en un sitio una marca o la figura de un objeto, aplicando éste contra ese sitio: 'Imprimir en el barro las huellas de los pies'.

imprenta. ① Arte y actividad de *imprimir: 'Leyes de imprenta'. ② Taller donde se imprime.

impresión (fem.). ① Acción de *imprimir. ② («Marcar, Quedar»). *Huella o *señal que deja una cosa sobre otra contra la que se aprieta: 'Impresiones digitales'. ③ *Efecto causado en los sentidos o en el ánimo por las cosas, las personas, los fenómenos o los sucesos: 'Me gusta la impresión del aire fresco en la cara'.

impresionable (adj.). ① Se aplica a lo que se puede impresionar. ② Se dice de la persona que responde rápida e intensamente a cada impresión, con los correpondientes cambios de estado de ánimo: 'Es muy impresionable y lo mismo le deprime una mala noticia que le exalta una buena'.

impresionante (adj.). Se aplica a lo que causa mucha impresión.

impresionar. ① Causar en alguien una impresión física o moral: 'Me impresionó aquel rasgo de genero-sidad'.

impreso, -a. ① Participio adjetivo de «imprimir»: 'Un libro impreso'. ② (n., en masc.). Hoja de papel con algún destino especial: 'Un impreso para solicitar el pasaporte'.

impresor, -a. Persona que tiene o que trabaja en una imprenta.

Texto adaptado

Hay grupos de palabras que derivan de una misma palabra. Intenta escribir algunos miembros de la familia de cada una de las siguientes palabras:

centro	tratar	recibir	fructífero	ofender
oculista	economía	heredar	escolar	

Ahora, escoge tres palabras de la lista anterior y piensa cómo se pronuncian sus formas derivadas y subraya la sílaba fuerte de cada una de ellas. Después, escucha y comprueba.

escol<u>ar</u>, escu<u>e</u>la, escolarid<u>ad</u>, escolariz<u>ar</u>, escolarizaci<u>ón</u>.

2 Elige tres palabras de una misma familia del ejercicio 1 y escribe algunas frases que ejemplifiquen su significado.

3 El lenguaje está sometido a un continuo proceso de creación. Inventamos nuevas palabras (neologismos) o añadimos nuevos significados a palabras que ya existen. Hay áreas temáticas nuevas que tienen una gran influencia sobre la comunicación, un ejemplo de ello es el área de las tecnologías de la información.

Lee el siguiente diálogo y subraya las palabras relacionadas con el campo de la tecnología, ¿entiendes su nuevo significado?

- Estoy agotada, llevo diez meses trabajando en este proyecto y creo que ya no puedo más, necesito desconectar.
- Sí, está claro que deberías irte de vacaciones, descansar y recargar las pilas; ya mismo. Vamos, no esperes ni una semana más. ¿Por qué no te vas con Cecilia? Creo que ella también quiere irse por ahí...
- ¡Uf!, no, con Cecilia no. No sé qué pasa últimamente pero no conectamos.
- Pues no sé por qué. Es una persona estupenda. ¿Tú aún sigues enfadada con ella por la historia aquella que tuvo con Carlos? Fue hace mucho tiempo, ya no tiene nada que ver... Bueno, es verdad, a veces se le cruzan los cables, y no sabes lo que puede pasar... Oye, ¿y con César?
- No sé, hace mucho tiempo que no sé nada de él. ¿Sigue en la misma empresa?
- Sí, y estaría encantado de irse de vacaciones contigo. Venga, intenta contactar con él.
- Sí, creo que voy a escribirle un e-mail.

↻ ¿Ocurre algo parecido en tu lengua? ¿Conoces alguna palabra en español del campo de los deportes o del automóvil, o de otro campo, que en los últimos años se utilice con nuevos significados? Haz una lista de esas expresiones y comparte la información con tus compañeros.

4 Un hablante que tiene como primera lengua el inglés ha escrito estas frases. Fíjate en que utiliza algunas palabras que se parecen a las de su lengua, pero que tienen un significado distinto en español. ¿Podrías localizar esas palabras y sustituirlas por las adecuadas?

- Tengo un examen mañana, voy a quedarme a estudiar en la librería.

- El concierto fue fabuloso, la orquesta tocó muy bien y el conductor era muy bueno.

- Juana estaba muy enfadada: Carlos se había olvidado de comprar las entradas para el teatro y tuvieron un argumento terrible.

- Iván no esperaba que aparecieran los padres de Laura en su fiesta, estaba muy embarazado.

↻ ¿Hay palabras en tu lengua que puedan crear problemas de este tipo? Escribe seis frases, tres correctas y tres en las que se ha colado un "falso amigo". Léeselas a tu compañero a ver si es capaz de localizar el error. Entre todos, y con ayuda del profesor, haced una lista de algunos "falsos amigos" del español.

5 En español, para formar palabras que tienen un significado contrario,
se añaden prefijos o se utiliza una palabra distinta.

Escribe el antónimo de estas palabras en la columna correspondiente:

confiado/a
legal
normal
cómodo/a
conocido/a
sucio/a
lógico/a
vestirse
oscuro/a

perfecto/a
oportuno/a
perezoso/a
sociable
natural
humano/a
agradable
dulce
blando/a

ANTI-	IN-/IM-/I-	A-	DES-	OTRA PALABRA
	insociable			

Elige tres adjetivos de la lista anterior y escribe frases con esas palabras. Tu compañero
las leerá y comprobará si el significado está bien aplicado y si son correctas.

6 Escribe las definiciones de las siguientes palabras en el lugar adecuado.

armario   túnel   tenedor   impresora   ambulancia   cristal

piscina   dormitorio   paso de peatones   secador

Es un mueble **en el que** se guarda _la ropa en casa._

_____ **por el que** pasas _____

_____ **en el que** se traslada _____

_____ **con el que** comes _____

_____ **por el que** cruzas _____

_____ **donde** duermes _____

_____ **con el que** imprimes _____

_____ **del que** están hechos _____

_____ **en el que** te bañas _____

_____ **con el que** te secas _____

7 Escribe cuatro definiciones como las del ejercicio anterior. Léeselas a tu compañero, que intentará adivinar la palabra que estás definiendo.

● Es un utensilio de metal con el que se sirve la sopa.
○ Es un cucharón.

1. _____

2. _____

3. _____

4. _____

8 Escucha lo que dicen estas personas. Imagina de qué o de quién están hablando.

	1	2	3	4	5	6	7
Están hablando de personas.							
Están hablando de cosas.							
Pueden estar hablando de personas o de cosas.							

9 Solo en cinco de las siguientes frases se puede sustituir la que **por** quien. ¿En cuáles y por qué?

1. Esa con la que estabas hablando en la fiesta...

2. Esa a la que insultaste el otro día...

3. Esa en la que estaba viviendo Pablo...

4. Esa por la que tienes que pasar para llegar a Cáceres...

5. Esa a la que llamaste el otro día...

6. Esa por la que estoy haciendo todo esto...

7. Esa en la que estuvimos bailando la otra noche...

8. Esa con la que estuviste saliendo el verano pasado...

Ahora, reescribe las frases con quien en los casos en los que sea posible.

10 Muchas palabras en español, como en otras lenguas, tienen varios significados. Lee las diferentes acepciones de la palabra **fuente** que aparecen en el diccionario.

spring up

fuente. (Del latín «fons, -ntis») ① Lugar de donde brota agua procedente de una corriente subterránea natural o conducida artificialmente. ② *Construcción, a veces monumental, en la que hay instalados surtidores de agua. ③ Recipiente de forma redonda u ovalada que se emplea para servir la comida. ④ Causa u origen: sitio, hecho, ocasión, etc., de donde procede algo.

Chorro

Texto adaptado

Lee estas frases, ¿a qué acepción corresponde cada una de ellas?

- La cena fue fabulosa, sirvieron los postres en **fuentes** de plata.

- El restaurante es su única **fuente** de ingresos.

- Llegas hasta la plaza Mayor, una que tiene una **fuente** muy grande en el centro, y allí giras a la derecha por la avenida García Lorca...

- Fuimos de excursión con Óscar y Nacho, llegamos hasta la sierra de la Magdalena. Allí bebimos un agua riquísima en la **fuente** que había al lado de la ermita.

Busca en el diccionario las siguientes palabras. Escribe dos frases con cada una y léeselas a un compañero, que adivinará a qué acepción corresponde.

servir   banco   galería   plantar

11 Con ayuda del diccionario intenta relacionar las siguientes palabras. ¿Qué palabras de la primera columna se refieren a unidades y cuáles a grupos de objetos? Subraya las combinaciones que te resultan útiles para hacer la compra.

una docena	de billetes
una barra	de cartas
un rebaño	de cerillas
una baraja	de estrellas
una banda	de flores
un ramo	de huevos
un fajo	de jamón
una caja	de merluza
una constelación	de músicos
una rodaja	de naranja
un racimo	de nieve
una loncha	de ovejas
un copo	de pan
un gajo	de uvas

flock
pack (cards)
wad (candle)
mixed?
slice
slice (bacon, fish)
segment

12 Escucha un diálogo en el que se ha incluido un gran número de diminutivos y escribe una lista con todos los que oigas.

¿Cómo te imaginas la situación?

¿Lugar?
¿Quiénes hablan?
¿Cómo te imaginas a los hablantes?
¿Por qué crees que utilizan los diminutivos?
¿Se hablaría de esa manera en tu lengua en una situación parecida?

Puedes visionar la escena en el vídeo **GENTE DE LA CALLE 1** ('En la tienda' del capítulo "Un domingo en el rastro") y comprobar si tus suposiciones son correctas.

13 En todas las lenguas, algunas palabras suelen combinarse con otras. ¿Puedes elegir el verbo que normalmente acompaña a las siguientes palabras?

una reunión
una mala época
un ministro
un error
un asesinato
buenas relaciones
una enfermedad
un esfuerzo
la factura
un discurso
un cumpleaños
un chiste
el viento
los amigos

cometer
pronunciar
cometer
sufrir
hacer
soplar
realizar
mantener
nombrar
convocar
contar
celebrar
pasar
ascender a — amount to

Elige cuatro palabras de la lista anterior que hayas aprendido nuevas y escribe una frase con cada una de ellas.

14 Durante el II Congreso de la Lengua Española (Valladolid, 2001), diez escritores famosos eligieron las que para ellos eran las diez palabras más bonitas del español por su significado. Señala las tres que más te gustan a ti.

amor	luz	silencio	melancolía	amigo
mar	libertad	alba	belleza	paz

La cadena de radio Ser pidió
a sus oyentes que escribieran
textos con algunas de esas palabras.
Lee estos dos ejemplos:

"Melancolía, me digo, y no dejo de contemplar el alba. El silencio de este mar que por su paz ya se ha hecho mi amigo".

Alfonso Iglesias

"Silencio, amor. Tráeme el mar de la infancia, y la belleza de las tardes del estío. No me dejes a la melancolía. Las palabras, dice el poeta, son más grandes que la vida".

Inocencio Piñera

Ahora, intenta tú escribir un texto que contenga el máximo número de estas palabras.

Así puedes aprender mejor

La función principal de la conversación coloquial es la socializadora, aquella que usa la comunicación como forma de relacionarse. El hablante utiliza algunos recursos para animar o para comprobar el mantenimiento de contacto con el interlocutor. Son marcas que manifiestan la relación entre los participantes en un diálogo.
Ahora, intenta localizar estas marcas en la siguiente conversación: J cuenta a P una situación de conflicto que vivió por una factura telefónica.

● (...) la del banco al final no fue nada simpática, no sé... Bueno, no me ayudó para nada. Me dio largas y encima me echó la bronca porque según ella yo estaba mintiendo... Le estaba mintiendo y no había pagado... Bueno, me puse como una furia. De ahí llamé a Telefónica, hablé con cuarenta operadoras... Ya sabes cómo es, ¿no?
○ Sí, una pesadez.
● Cuando llamas: ¿qué, qué? Le pongo... Un minuto... No sé qué y vas... y qué... le paso con el departamento de no sé qué..., del departamento de no sé qué al otro... Bueno, horas al teléfono y nada, nada, nada... Cuestión, que no sabía qué hacer...
○ No sé. (...)

Algunos marcadores tienen una función de control del contacto con el interlocutor. A veces son fórmulas que refuerzan o que justifican los razonamientos de los hablantes: la verdad. Otras son llamadas de atención para mantener o para comprobar el contacto: ¿sabes?, ¿no?, ¿entiendes?, fíjate, ¿verdad?, etc. Y otras, son fórmulas que pretenden implicar activamente al interlocutor en la conversación: ¿tú qué habrías hecho? y que requieren una reacción por parte del interlocutor, verbal: no sé..., o no verbal: un asentimiento con la cabeza, etc.

13

FRASES RELATIVAS CON PREPOSICIÓN

En las frases relativas con preposición suelen aparecer los artículos **el/la/los/las/lo** antes del pronombre **que**. Este artículo concuerda en género y en número con la palabra a la que se refiere.

Es **un mueble**	**en el que** guardas la ropa.
Es **una cosa**	**con la que** puedes preparar zumos.
Son **los amigos**	**de los que** te hablé.
Son **esas cosas**	**sin las que** no vas nunca a la playa.

> ¿Has visto la caja donde guardo mis joyas?

> Sí, está encima del escritorio.

····◉ Usamos el artículo **lo** cuando el antecedente es neutro: **algo, esto, eso, aquello, nada.**

> Es **algo contra lo que** hemos luchado siempre.
> **Nada de lo que** te dije tiene importancia ahora.

····◉ Cuando el antecedente es un lugar, podemos sustituir **en + el/la/los/las que** por **donde** y **a + el/la/los/las** por **adonde.**

> El pueblo **en el que/donde** veranea.   El pueblo **al que/adonde** viajamos.
> La ciudad **en la que/donde** estuvimos.   La ciudad **a la que/adonde** llegamos.
> Los pueblos **en los que/donde** estuve.   Los pueblos **a los que/adonde** voy.
> Las ciudades **en las que/donde** estoy.   Las ciudades **a las que/adonde** vamos.

····◉ Cuando el antecedente es una persona, podemos sustituir **el/la/los/las + que** por **quien/quienes.**

> El hombre **del que/de quien** te hablé ayer ha salido en las noticias de la tele.
> Las chicas **con las que/con quienes** salimos ayer acaban de llamar.
> Los jugadores **de los que/de quienes** se rumorea que han recibido sobornos han sido detenidos.

FORMACIÓN DE PALABRAS (I): DERIVACIÓN POR PREFIJOS

En la derivación, a una palabra simple se le añade una partícula. Si ésta va delante de la palabra, es un prefijo, y si va detrás, le llamamos sufijo.
La derivación tiene frecuentemente un origen histórico:

impulso, extraer, colaborar

Pero también se forman continuamente nuevas palabras por ese procedimiento.

la globalización	⟶ las manifestaciones **anti**globalización
el proyecto de ley	⟶ el **ante**proyecto

····◉ Algunos de los prefijos más frecuentes del español son:

> A- (AN-)
> **a**baratar, **a**lejar, **a**cercar,
> **a**gramatical, **an**algésico, **an**ovulación, **a**simetría

ANTE-
anteanoche, anteayer, anteponer, antepasado

ANTI-
anticiclón, antihéroe, antiapartheid, antiaéreo, antigripal, antiarrugas, antisistema

BIEN-
bienhechor, bienvenido, bienintencionado

COM- (CON-/CO-)
compenetrarse, convivir, coexistir, cooperar, coautor, coguionista, corresponsable, colateral

CONTRA-
contraofensiva, contraorden, contraatacar, contradecir, contraproducente, contraindicado

DES/DIS-
desatar, disculpar, desorden, desconfianza, descortés, deshonesto

EN- (EM-)
encarcelar, embarcar, empaquetar

ENTRE/INTER -
entreacto, entrevías, interdental, intercambiar, interrelacionar, interacción, intercomunicador, internacional, interurbano

EX- (1)
ex ministro, ex marido, ex república

EX- (2)
extraer, excepción, excelente

IN- (IM-/I-)
incapaz, inútil, imposible, ilógico, incomunicación, inexperiencia

MAL-
malacostumbrar, malvivir, maltratar, maleducado, malhablado, malpensado

POS(T)-
posguerra, posfranquismo, posmoderno, postoperatorio

can say Postguerra

PRE-
precocinar, prejuzgar, precampaña, preinscripción, predemocrático, preautonómico

PRO- (1)
pronombre, proponer, procreador

PRO- (2)

pro amnistía, **pro** enseñanza pública, **pro** abolición de la pena
de muerte, **pro** árabe, **pro** gubernamental

RE- (1)

releer, **re**considerar

RE- (2)

rebarato, **re**peinado, **requete**bién

very good

SOBRE-

sobrecargar, **sobre**valorar

SUB-

subgrupo, **sub**comisión, **sub**cultura, **sub**desarrollo, **sub**estimar

SUPER-

superhombre, **super**mercado, **super**poblar, **super**gigante

TRANS- (TRAS-) (1)

transformar, **trans**fuga, **tras**plantar, **tras**paso, **trans**exual,
transalpino, **trans**oceánico, **trans**iberiano

TRAS- (2)

trastienda, **tras**fondo

ULTRA-

ultraderecha, **ultra**mar, **ultra**congelado, **ultra**violeta

FORMACIÓN DE PALABRAS (II): DERIVACIÓN POR SUFIJOS

···**O** Los sufijos apreciativos son los aumentativos, diminutivos y despectivos.
Más que un cambio en el tamaño, señalan la actitud del hablante
respecto a lo que dice, generalmente tienen un valor afectivo.

Tengo una cas**ita**. (no quiere decir que sea pequeña, sino que la
presento modestamente)
Escribió un libr**ito**. (puede ser un libro muy grande, pero el hablante
le resta valor)

Mira, os he traído un detallito para el niño.

No tenías que haberte molestado, hombre.

Los diminutivos más frecuentes son -**ito**, -**ico**, -**illo**, que
generalmente se aplican a nombres y a adjetivos.

libr**ito**, gord**ita**, chiqu**illo**

En Latinoamérica es frecuente aplicarlas también a otras
categorias: adverbios, verbos...

ahor**ita**, mism**ico**, corriend**ico**,
cerqu**ita**, pront**ito**, rapid**ito** (se dicen también en España)

●●●○ Otras formas, como -**uelo**, -**ucho**, -**ón**, -**ote**, -**ete**, no tienen la misma libertad de derivación y cada una de ellas suele aplicarse solo a determinados nombres o adjetivos. En este caso, no funcionan propiamente como diminutivos, únicamente tienen un valor expresivo.

> grandull**ón** - grandull**ona**
> grand**ote** - grand**ota**
> amigu**ete** - amigu**eta**, regord**ete** - regord**eta**

●●●○ Para crear los diminutivos de palabras monosílabas y algunas bisílabas suele intercalarse algún otro infijo entre la raíz y el sufijo.

pez	⟶ pec**ec**ito, pec**ec**illo
pie	⟶ piec**ec**ito, piec**ec**illo
pan	⟶ pan**ec**illo
viejo	⟶ viej**ec**ito
coche	⟶ coch**ec**ito
calle	⟶ call**ec**ita
canción	⟶ cancion**c**ita, cancion**c**illa

Sufijo (handwritten)

Atención:
Muchas palabras que terminan en -**illo** y -**ón** no tienen valor apreciativo porque son formas ya lexicalizadas que designan a otros objetos.

bocad**illo** (no es una forma de referirse a un bocado)
bomb**illa** (no es una forma de referirse a una bomba)

banqu**illo**, barb**illa**, cuch**illo**, cabec**illa**, col**illa**, pas**illo**, pal**illo**, sombr**illa**, ventan**illa**...
caj**ón**, camis**ón**, cart**ón**, sal**ón**, sill**ón**, tap**ón**...

EXPRESIONES FIJAS Y LOCUCIONES

Existen combinaciones de palabras que en su conjunto equivalen a un nombre, a un verbo, a un adjetivo o a un adverbio.

ADVERBIOS
  a duras penas (=difícilmente)
  cada dos por tres (=frecuentemente)

VERBOS
  dar la lata (=molestar)
  salirse con la suya (=conseguir alguien sus propósitos)
  echar a perder (=estropear)

NOMBRES
  cabello de ángel (=un tipo de relleno en los pasteles)
  mesa redonda (=una tertulia de expertos)

ADJETIVOS
  chapado a la antigua (=de ideas y de formas de comportamiento anticuado)
  hecho y derecho (=una persona madura)

COLOCACIONES

Son asociaciones entre dos tipos de palabras que se establecen con preferencia a otras opciones.

NOMBRE + VERBO

las amistades:	se hacen, se pierden, se entablan
un accidente:	se produce, tiene lugar
una decisión:	se toma, se adopta
un instrumento (piano, guitarra...):	se toca

strike up/start

NOMBRE + ADJETIVO

amigo:	entrañable, inseparable
ruido:	ensordecedor, infernal

NOMBRE CONTABLE + de	+	*NOMBRE NO CONTABLE*
una copa de		vino, cava, etc.
un pastilla de		jabón
una loncha/un taco de		jamón
un chorro/una cucharada de		aceite

square snack.

NOMBRES INDIVIDUALES Y COLECTIVOS

NOMBRE INDIVIDUAL	*NOMBRE COLECTIVO*	
animales	fauna	
ovejas, cabras	rebaño	*sheep* / *herd/flock*
lobos, elefantes, etc.	manada	*herd/pride*
pájaros	bandada	*flock/shoal*
estrellas	constelación	
islas	archipiélago	
barcos, aviones, camiones, etc.	flota	*flotilla*
músicos	banda, grupo	
abejas	enjambre	*bee* / *swarm*
plantas	flora	
uvas	racimo	
...		

DEFINIR

En español tenemos diversos recursos para definir.

Es una cosa		
	que es como un disco pero más pequeño.	(=CD)
	que se parece al limón pero es más verde.	(=lima)
	que suele ser de color verde por fuera.	(=pera) *pear*
	que la utilizas si/cuando fríes carne.	(=sartén)
	con la que haces deporte.	(=bicicleta)
	que sirve para lavar la ropa.	(=detergente)
	que está en el lavabo.	(=ducha) *en habitación*
	que es una especie de verdura rizada.	(=escarola)

Además, utilizamos una serie de palabras generales que sirven para definir cosas muy distintas.

Es
{
una persona	un animal	una planta
un material	un lugar/sitio	un producto
una sustancia	una parte de	una cosa
un objeto	un aparato	un utensilio
una herramienta	un recipiente	un instrumento
...		

En los diccionarios y en otros textos técnicos las definiciones adoptan un estilo propio.

Limpieza. **Calidad** de limpio. **Acción** de limpiar.
Soluble. **Apto** para disolver.
Perro. **Mamífero** doméstico de la familia de los cánidos... — ka
Hermosura. **Cualidad** de hermoso...
Odio. **Sentimiento** violento de repulsión hacia alguien...
Heroico, -a. **Se dice de** quien se comporta heroicamente...
Marfil. **Materia** de los colmillos de los elefantes.
... ↳ ivory   ↳ tusks

DISTINCIÓN DE REGISTRO

Aprender vocabulario comporta saber en qué situación es apropiado elegir una u otra entre varias palabras que significan lo mismo. Es lo que se llama cambio de registro. He aquí algunos ejemplos de cambio de registro:

normal - elevado (literario):	el mundo	el orbe
normal - culto:	la muerte	el fallecimiento/la defunción
normal - técnico:	un medicamento	un fármaco
normal - coloquial:	ser muy tozudo	ser muy cabezón
normal - vulgar:	orinar	mear

sn big.

small square [see pp 18]

Atención:
Existe un tipo de palabra, las palabrotas (coloquialmente llamadas tacos) que consisten generalmente en nombres o verbos vulgares referidos a los órganos y a las funciones sexuales (y, más generalmente, fisiológicos). En muchos lugares de España este tipo de palabras son cada vez más aceptadas socialmente. En círculos de amigos es muy frecuente su uso en forma de interjecciones para expresar sorpresa, irritación u otros sentimientos. Pueden llegar a leerse en entrevistas y columnas de prensa.

bad
coño, joder, estar jodido, ser un coñazo, ser cojonudo, mierda, cagarla...
tired   fantasía?   cometer error   chingar   mex.

Otro ámbito de los tacos es el de términos de la religión, aunque estos cada vez son menos habituales. Los más frecuentes son:

hostia, hostiazo

Algunas expresiones con términos religiosos no tienen carácter de taco.

Jesús, Virgen Santa, Dios mío...

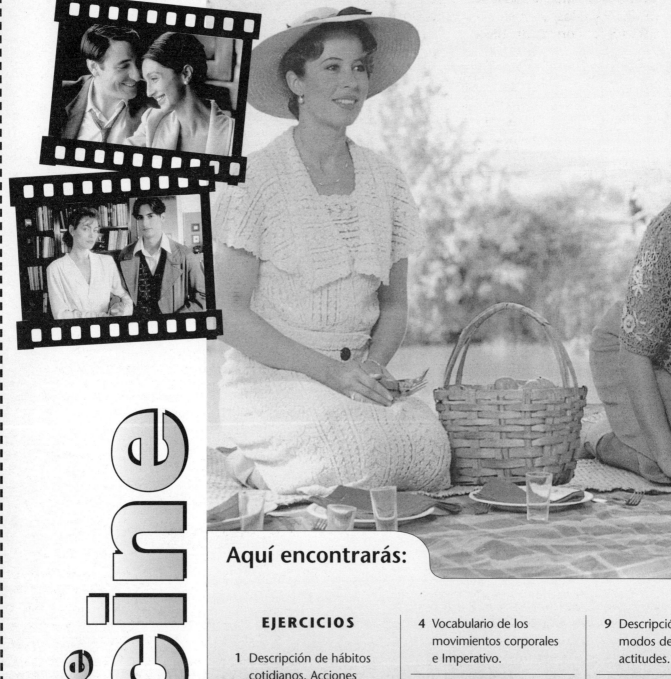

gente de cine

Aquí encontrarás:

EJERCICIOS

1 Descripción de hábitos cotidianos. Acciones simultáneas.

2 Usos de **ponerse** y de **quedarse** en la descripción de cambios de actitud y de comportamiento.

3 Imperfecto, Indefinido y verbos de cambio.

4 Vocabulario de los movimientos corporales e Imperativo.

5 Ubicar y describir posturas y describir cambios.

6 Usos de **poner** y de **ponerse**.

7 Lectura y escritura de sinopsis de películas.

8 Valoración de películas.

9 Descripción de gestos, de modos de expresar y de actitudes.

10 Descripción de escenas.

11 Dar instrucciones sobre el modo de realizar una acción.

ASÍ PUEDES APRENDER MEJOR

CONSULTORIO LINGÜÍSTICO

1 Por las mañanas todos tenemos algunas costumbres. Reacciona a lo que dicen Susana y Carlos, y explica tus propias rutinas matinales contrastándolas con las de ellos.

> Yo me quedo tumbada unos minutos en la cama despierta, pero con los ojos cerrados.

> Yo me tomo un café de pie mientras escucho las noticias de la radio.

- Me baño sin prisas y me pongo el albornoz.
- A veces me tumbo en la alfombra para hacer estiramientos y algunos abdominales.
- Saco la ropa del armario y la coloco sobre la cama.
- Me preparo mi maletín.
- Casi siempre salgo a la calle a dar una vuelta con el perro y a comprar el periódico.

- Me ducho deprisa.
- Luego, me afeito escuchando las noticias de la radio.
- Como normalmente tengo prisa, me pongo lo primero que encuentro en el armario.
- Meto rápidamente en la cartera todo lo que necesito.
- Salgo de casa nervioso y corriendo porque siempre se me hace tarde.
- Casi siempre tomo un taxi para llegar a tiempo al trabajo.

● Pues yo desayuno sentada. Me tomo un té y unas tostadas tranquilamente mientras leo el periódico.

2 ¿Qué crees que hicieron o cómo se comportaron estas personas cuando les dieron estas noticias o les pasaron estas cosas? Termina las frases usando las expresiones del cuadro en los tiempos adecuados.

Cuando su novia le dijo que quería cambiar completamente de vida, se quedó muy asombrado.

Cuando su jefe le dijo que le aumentaba el sueldo, ...
Cuando se enteró de que tenía que pasar la noche en el aeropuerto porque habían cancelado el vuelo, ...
Una alumna le dijo que se parecía mucho a Tom Cruise y él ...
Cuando le dijeron que se había muerto el gato, ...
Cuando le dijeron que venía su suegra a pasar las vacaciones, Manuel ...
Cuando le han traído la cuenta del restaurante, que era de 800 euros, ella ...
El camarero le tiró la sopa de tomate sobre el smoking blanco, y entonces él ...
Cuando nos han dicho que el hotel estaba completo y que teníamos que irnos a 30 km, ...
Cuando le reclamé lo que me debía, o sea 500 euros, ella ...
Cuando el profesor nos ha dicho que hoy había examen, nosotros ...
Cuando vio que el ladrón salía corriendo con su bolso, Eva ...
Cuando el ginecólogo le dijo que eran trillizos, ...

TRATA DE UTILIZAR

ponerse
como una fiera · como un/a loco/a

a llorar · a gritar
a reír · a saltar de alegría

(muy) serio/a · (muy) triste
(muy) colorado/a · (muy) pálido/a
contentísimo/a · histérico/a

quedarse
boquiabierto/a · hecho/a polvo
asombradísimo/a · quieto/a

helado/a · de piedra
sorprendido/a · callado/a

petrified

3 Mira estas frases y elige el elemento que consideres más adecuado para completarlas. Ten en cuenta que a veces los dos o los tres son posibles y la frase cambia de significado con uno u otro.

Secuencia de acción

1. Cuando llegaron los invitados, Tania (SE TUMBÓ/ESTABA TUMBADA) en el sofá.
2. Al ver que Pancho entraba en la sala, Enrique (ESTABA CALLADO/SE CALLÓ). Se notó mucho que lo estaba criticando.
3. Lidia (SE SENTÓ/ESTABA SENTADA) al lado de Marta. Y ya sabes que se caen fatal, pero como era el único sitio que quedaba libre...
4. El profesor (SE QUEDÓ/SE PUSO/SE PONÍA) de pie junto a la puerta. Dijo que no entraría hasta que nos calláramos.
5. Cuando le dieron la noticia, Fernando (SE PUSO A LLORAR/ESTUVO LLORANDO/ESTABA LLORANDO).
6. La abuela, después de comer, se sintió mal y (SE ACOSTÓ/ESTUVO ACOSTADA/ESTABA ACOSTADA) un ratito.
7. Cuando llamé a mis amigos por teléfono, Alberto (SE ENFADÓ/ESTABA ENFADADO) conmigo.
8. Al entrar el profesor en clase, sus alumnos (SE CALLARON/SE QUEDARON CALLADOS) de inmediato.

4 Hoy, en la agencia de publicidad hay una sesión fotográfica con dos modelos. Están preparando un catálogo de artículos de deporte. ¿Qué consignas crees que les ha dado el fotógrafo para obtener estas imágenes? Usa estos verbos en Imperativo.

TRATA DE UTILIZAR

agacharse
ponerse de pie /junto a/...
tumbarse

acostarse
levantarse (de)
acercarse a
alejarse de
inclinarse hacia
apoyarse en/sobre

• Rómulo, acércate a ella y agáchate junto a ella.

5 **Estos monigotes están pasando la tarde en el parque. Hazlos corresponder con las frases que describen su ubicación y su postura.**

Está tumbado en un banco con las manos debajo de la cabeza.

Está arrodillado junto a la fuente.

Está sentado detrás del quiosco.

Se está tirando por el tobogán boca abajo.

Está apoyado en un árbol.

Tiene las manos en la cabeza y está sentado en el suelo.

Está de pie encima de un columpio.

Está tumbado con las piernas hacia arriba debajo de un árbol.

Está con las manos en la cintura.

Está tumbado en la yerba boca arriba.

Está subido a un árbol, sentado en una rama.

Está dentro de la papelera.

Está colgado de un árbol.

¿Por qué no intentas tú dibujar tres monigotes más? Dale instrucciones a un compañero para que sepa dónde están y cómo. Pero, primero, prepáralas por escrito.

Ahora, muchos de los monigotes han cambiado de postura o de ubicación. Describe los cambios como en el ejemplo.

● El que estaba tumbado en un banco se ha puesto de pie.

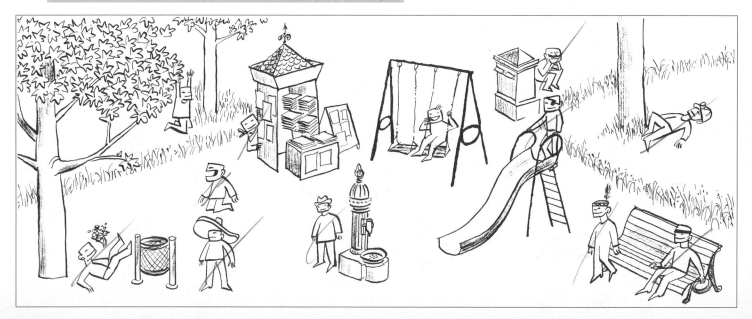

6 El verbo poner **tiene varios usos. Obsérvalos en estas frases y hazlos corresponder con los posibles significados de la columna de la derecha.**

Cuando tiene que hablar en público **se pone** nerviosísimo.
Se puso a gritar como un loco cuando me vio llegar.
Laura **se pone** una ropa que le queda fatal.
¿Ya **te has puesto** los pendientes que te regalé?
Me puse a estudiar a las 9h y no me acosté hasta las 3h de la madrugada.
Se puso de pie, dijo que estaba harto y salió dando un portazo.
Se pone de mal humor cuando duerme poco.
Se pone a llorar por cualquier cosa.
Te pones de rodillas y estiras los brazos hacia delante y respiras hondo.
¿Dónde **pongo** las gafas?
El año pasado **se puso** a estudiar guitarra.
Pon esta maleta encima del armario, por favor.

1 llevar una prenda de vestir

2 iniciar una actividad

3 levantarse

4 colocar

5 arrodillarse

6 cambiar de estado de ánimo

Ahora, intenta tú escribir varias frases con estos usos.

7 **Estos textos son sinopsis de películas hispanas de los últimos años, como las que suelen aparecer en las carteleras de la prensa.**

MARTÍN (HACHE)
Director: Adolfo Aristarain. 1997 ARGENTINA-ESPAÑA
Martín (H) es un adolescente de 19 años que vive en Argentina con su madre, pero un trágico accidente provocará que se traslade a vivir con su padre, en Madrid. Así, Hache se integra en el complejo pero reducido ámbito social de su padre, que se limita a Dante y Alicia. La presencia de Hache en Madrid nos permite deshilvanar los problemas que este trío alberga en sus relaciones entre ellos mismos e, indirectamente, con el mundo.

LOS OTROS
Director: Alejandro Amenábar. 2001 ESPAÑA
La segunda gran guerra ha terminado, pero el marido de Grace no vuelve. Sola, en un caserón aislado en la isla de Jersey, educa a sus hijos bajo las más estrictas normas religiosas. Los niños padecen una extraña enfermedad: no pueden recibir directamente la luz del sol. Los tres nuevos sirvientes deben aprender una norma vital: la casa permanecerá en penumbra, por lo que nunca se abrirá una puerta sin haber cerrado la anterior. El terror va invadiendo la casa y la muerte y la vida se mezclan.

TORRENTE, EL BRAZO TONTO DE LA LEY
Director: Santiago Segura. 1997 ESPAÑA
Las aventuras de la caricatura de un policía español, fascista, machista, racista, alcohólico y forofo del Atlético de Madrid. Todo esto sazonado con las pertinentes dosis de acción, romance y suspense, y aderezado con las estruendosas carcajadas del público.

AMORES PERROS
Director: Alejandro González Iñarritu. 2000 MÉXICO
Ciudad de México, un fatal accidente automovilístico. Tres vidas chocan entre sí y nos revelan lo sórdido de la naturaleza humana. Octavio, un joven adolescente, planea fugarse con Susana, la esposa de su hermano. Daniel abandona a su mujer e hijas para irse a vivir con una joven modelo, y el Chivo, ex guerrillero, ahora es un asesino a sueldo.

↩ **Ahora, trata tú mismo de escribir la sinopsis de tres películas conocidas que te hayan gustado mucho. En clase podéis leerlas sin decir el título, a ver si alguien reconoce la película.**

8 Escucha a estas personas que han ido a ver algunas películas de habla hispana. Primero, rellena la siguiente ficha. Después, adjudica a cada película 1, 2, 3 ó 4 estrellas, según la valoración de las personas que hablan.

TÍTULO

RESEÑA

_____

_____

_____

VALORACIÓN

_____

_____

_____

TÍTULO

RESEÑA

_____

_____

_____

VALORACIÓN

_____

_____

_____

9 Imagina contextos para estos enunciados. ¿De qué manera te imaginas que alguien puede expresarlos? ¿Qué crees que hacen estas personas (gestos, tono que adoptan, expresión…)? Termina las frases añadiendo algún elemento de la siguiente lista.

serio/a   horrorizado/a   llorando   alucinado/a   gritando   enfadado/a   sonriendo   indignado/a

asustado/a   preocupado/a   asombrado/a   nervioso/a   escandalizado/a   desconcertado/a   alarmado/a

1. Yo nunca he dicho que tú fueras un imbécil, es completamente falso –contestó ella `desconcertada.`

2. No te lo tomes así, hombre. Era una broma, perdona –añadió él _____.

3. ¡Esto es intolerable! ¡No se puede permitir que traten así a los pasajeros! –gritó él _____.

4. No sé cómo decirte esto, no quiero hacerte daño, pero ya no te quiero –susurró ella _____.

5. ¡La carretera está cortada! ¡Tendremos que quedarnos aquí un par de días! –dijo _____.

6. Ay, perdona, no te había reconocido. ¡Estás muy cambiado! –dijo él _____.

7. Sí, ya sé que tu madre cocina este plato mucho mejor que yo –respondió él _____.

8. ¡Hay fuego en la cocina! –exclamó él _____.

9. Creo que en los próximos meses van a despedir a mucha gente en la empresa –comentó ella _____.

gente de cine

10 En este fragmento de una comedia de enredo se han desordenado las acotaciones escénicas. Escucha primero la cinta y luego decide dónde las colocarías tú. Compara tus soluciones con las de algún compañero.

LOCUCIONES

ACTO PRIMERO

SUSANA: ¡Bufffff! ¡Qué cansada estoy…! ¡Qué día tan largo! Me voy a tomar un baño y como nueva.

LADRÓN: ¡Dios mío! Es ella… ¿Me habrá visto?

SUSANA: ¿Hay alguien ahí? ¡Ah…! ¡Qué susto! Es la tele.

LA TELE: No tengas mieeeeedo, pequeña…

SUSANA: Laaaaa, laaaa, laaaaaa, laaaaaa… Sí señor, un buen baño… y como nueva. Pero, pero… ¿Quién es usted? ¿Qué hace usted aquí?

LADRÓN: Tranquila, señorita, tranquila; venía a arreglar el gas y la portera…

SUSANA: ¿La portera? ¡Pero si en esta casa no hay gas! ¡Socorro! ¡Auxilio! ¡Policía!

LADRÓN: Bueno, en realidad, no es eso… Es que yo, ¿sabe usted?, estoy enamorado de usted desde hace tiempo y…

SUSANA: ¿Y esta maleta?

LADRÓN: Sí, verá, es que salía de viaje…

SUSANA: ¿Con mi maleta? ¿Sale usted de viaje con mi maleta? ¡Tendrá cara el tío!

LADRÓN: Tranquila, que no es lo que parece…

SUSANA: Pero… Su cara me suena. Sí, ya sé: usted me vino a vender una enciclopedia sobre la vida de los pájaros la semana pasada. ¡Menudo pájaro!!!!! ¡Socoooorro!

ACOTACIONES

Un salón en el que no hay nadie. Los muebles son de los años 60 y están un poco deteriorados. Un sofá de plástico naranja ocupa el centro.

En un rincón hay un viejo televisor encendido.

Lleva un abrigo negro y unas botas altas de tacón.

Se ve cómo la cortina se mueve.

Se oye música de película de terror.

Dice él, susurrando con voz angustiada.

Ella anda hacia atrás alejándose del ladrón y, de repente, tropieza con una maleta.

Entra una mujer joven bostezando.

Se tira al suelo y se queda tumbado detrás del sofá.

Se oye cómo la llave abre la puerta y ésta se cierra de golpe.

Se quita el abrigo y lo deja colgado en una silla.

Se oye un grifo.

Lo mira boquiabierta.

Sale corriendo.

Es de noche y fuera está lloviendo. De vez en cuando se oye un trueno.

Se tumba en el sofá.

Sale por la puerta del fondo y vuelve a entrar. Lleva puesto un albornoz y una toalla en la cabeza y va descalza.

Vuelve a entrar en el salón.

Se oyen pasos alejándose.

Está temblando de miedo.

¿Podrías continuar la escena? Escribe un fragmento más de las locuciones y las correspondientes acotaciones escénicas.

11 Unos actores que están filmando una apasionada escena romántica olvidan constantemente sus papeles. ¿Cómo les transmites lo que tienen que decir?

Lo que tienen que decir pero han olvidado.	Dile que/Pídele que...
Ana, yo te quiero…	
Sal de aquí inmediatamente.	
No quiero volver a verte.	
Ayúdame, no me dejes solo.	
Lo nuestro no puede funcionar.	
Dame alguna esperanza.	
Dime la verdad.	
No te vayas, quédate un poco más.	
No te pongas así, no sirve de nada.	
Déjame en paz.	
Escúchame y no llores.	

Así puedes aprender mejor

La entonación es muy importante. Escucha estas maneras distintas de decir las mismas frases. Toma notas de tus interpretaciones y los posibles contextos que te sugieren. Coméntalo con tus compañeros.

"ella entró en la casa llorando"   **Lo dice enfadado.**

"ella entró en la casa llorando"

"ella entró en la casa llorando"

"la habitación estaba vacía"

"la habitación estaba vacía"

"ESTABA ANOCHECIENDO"

"estaba anocheciendo"

"¿Te has fijado en el tono con el que lo ha dicho?", "No me gusta este tono", "¡Qué tono, chico!" son comentarios muy habituales en la vida cotidiana. Muestran la importancia que tiene la entonación en la expresión de nuestras intenciones comunicativas. La lengua permite decir muchas cosas con las mismas palabras. Utilizando determinados recursos, como la entonación, podemos darles diferentes significados. Así, podemos demostrar actitud de asombro, aburrimiento, enfado, alegría, incertidumbre, timidez, nerviosismo...; somos capaces de diferenciar una afirmación de una pregunta; podemos subrayar la parte más importante de nuestro discurso... Para ello, utilizamos la velocidad, el volumen, la intensidad, las pausas y los silencios, las curvas melódicas, etc. Estos recursos determinan, en gran parte, el significado que queremos dar a lo que decimos y la interpretación que hace quien nos escucha.
En la escritura esto se refleja, aunque de manera muy pobre, mediante la puntuación.

HABLAR DEL TIEMPO

Hace (mucho) sol/viento/calor/frío.
    fresco.
    (muy) **buen/mal tiempo.**
    (muy) **bueno.**
    un **tiempo** horrible/buenísimo/agradable/...
    un **día** espléndido/muy malo/...
    un **calor/frío** horrible/inaguantable/tremendo/...

Hay niebla.
Está lloviendo/nevando/
    granizando/helando/...
Está nublado/despejado/...
Es un día lluvioso/gris/muy
    bonito/...

¿Qué tiempo hace por ahí?

Pues hace bueno, pero no mucho calor.

EL MODO DE HACER ALGO

Las formas más frecuentes de referirnos al modo de realizarse una acción son:

VERBO + ADJETIVO CALIFICATIVO
Juana **llegó** del viaje **contenta.**
Tomás **entró** muy **serio.**

VERBO + ADVERBIO
Mis hijas **conducen muy rápido.**
Se acercó al perro **lentamente.**

VERBO + GERUNDIO
Las niñas llegaron a la casa **temblando.**
Salimos de casa **corriendo.**

*VERBO + **sin** + INFINITIVO*
María lo **miró sin decirle** nada y se fue.
Está junto al árbol **sin moverse.**

•••O Algunos adjetivos funcionan como adverbios.

    Sigue **recto/directo.**   Habla **bajo/alto/fuerte.**   Lo explica **claro.**
    Conduce **rápido/lento.**   Hizo las pruebas **regular.**   Me mira **raro.**

Como se refieren al verbo, no concuerdan con el sujeto: son invariables.

    Ana habla muy **alto.**   Iván habla muy **alto.**   Los niños hablan muy **alto.**

•••O Los adverbios en **-mente** se forman a partir de los adjetivos
calificativos. De la mayoría de adjetivos se pueden derivar adverbios.
    FORMA FEMENINA DEL ADJETIVO + -mente.

    rápida   ⟶   **rápidamente**   silenciosa   ⟶   **silenciosamente**
    tranquila   ⟶   **tranquilamente**   amable   ⟶   **amablemente**

Cuando el adjetivo lleva acento, el adverbio lo mantiene en la escritura.
En la pronunciación hay dos sílabas tónicas.

    enérgico   en**é**rgica**me**nte   estúpido   est**ú**pida**me**nte

Atención:
Algunos adverbios no significan lo mismo que el adjetivo del que proceden.

    seguramente ≠ de forma segura   **efectivamente** ≠ de forma efectiva

Suelen utilizarse para matizar o para caracterizar la propia opinión de quien
habla (A) y no como complementos circunstanciales del verbo (B). Es muy
frecuente que sean la primera palabra de la frase.

(A)   **Sinceramente,** no veo por qué tienes que ir tú. (=te lo digo sinceramente)
        Realmente es difícil saber qué se propone. (=lo pienso realmente)
        Ciertamente, estaba lejos. (=admito que es cierto)

(B)   En aquella ocasión lo dijo **sinceramente.**

•••○ El Gerundio permite presentar dos acciones que se producen simultáneamente.

> **Salió** de clase **gritando.**   (=salir + gritar)

Atención:
Los pronombres, en estas construcciones, van siempre detrás del Gerundio.

> Al principio de la obra, el actor sale medio desnudo, poniéndo**se** un albornoz.
> Se relajó dándo**se** un baño caliente.
> ¿Que cómo metí las cajas en el ascensor? Pues empujándo**las.**

•••○ Las construcciones con Gerundio también pueden adoptar otros valores o significados, como causa o condición.

> **Estudiando** tan poco, es normal que le hayan suspendido.
>   le van a suspender.

•••○ La construcción **sin** + Infinitivo presenta la negación de una acción.

> Estaba tumbado en la cama **sin moverse.** (=no se movía)
> Estuvo **sin hablarle** una semana.   (=no le habló)

Atención:
Los pronombres en esta construcción van siempre tras el Infinitivo.

> Salió de la oficina sin ~~me~~ dirigir la palabra.
>
> Salió de la oficina sin dirigir**me** la palabra.

•••○ Esta construcción puede tener también otros valores: condicional, causal, concesivo, etc.

> **Sin saber** inglés es difícil encontrar trabajo en la hostelería.
> **Sin saber** inglés lo admitieron de guía turístico.

USOS DE **ESTAR**: POSTURAS

Cuando nos referimos a una postura, como sucede cuando situamos algo en el espacio, usamos el verbo **estar.**

Manolo **estaba de pie** junto a la puerta pero no me dijo nada.
Estuve sentada en el parque una horita y luego me fui a dar una vuelta.
Ahora **está tumbado** en su habitación. Estaba muy cansado.
Cuando **estoy agachado,** me duele la espalda.

• • • ◗ El Gerundio permite presentar dos acciones que se producen simultáneamente.

> **Salió** de clase **gritando.**   (=salir + gritar)

Vi a Ana cruzando la calle.

Atención:
Los pronombres, en estas construcciones, van siempre detrás del Gerundio.

> Al principio de la obra, el actor sale medio desnudo, poniéndo**se** un albornoz.
> Se relajó dándo**se** un baño caliente.
> ¿Que cómo metí las cajas en el ascensor? Pues empujándo**las**.

• • • ◗ Las construcciones con Gerundio también pueden adoptar otros valores o significados, como causa o condición.

> **Estudiando** tan poco, es normal que le hayan suspendido.
> le van a suspender.

• • • ◗ La construcción **sin** + Infinitivo presenta la negación de una acción.

> Estaba tumbado en la cama **sin moverse.**   (=no se movía)
> Estuvo **sin hablarle** una semana.   (=no le habló)

Atención:
Los pronombres en esta construcción van siempre tras el Infinitivo.

> Salió de la oficina sin ~~me~~ dirigir la palabra.
>
> Salió de la oficina sin dirigir**me** la palabra.

• • • ◗ Esta construcción puede tener también otros valores: condicional, causal, concesivo, etc.

> **Sin saber** inglés es difícil encontrar trabajo en la hostelería.
> **Sin saber** inglés lo admitieron de guía turístico.

USOS DE **ESTAR**: POSTURAS

Cuando nos referimos a una postura, como sucede cuando situamos algo en el espacio, usamos el verbo **estar**.

Manolo **estaba de pie** junto a la puerta pero no me dijo nada.
Estuve sentada en el parque una horita y luego me fui a dar una vuelta.
Ahora **está tumbado** en su habitación. Estaba muy cansado.
Cuando **estoy agachado,** me duele la espalda.

VERBOS PRONOMINALES

•••○ Muchos verbos pueden funcionar con la serie de pronombres
me/te/se/nos/os/se o sin ella.

CON **me/te/se/nos/os/se** LA ACCIÓN **NO** RECAE SOBRE OTRA COSA O PERSONA	SIN PRONOMBRES LA ACCIÓN RECAE SOBRE OTRA COSA O PERSONA
SENTARSE Me **senté** a tomar un café en un bar.	**SENTAR** **Sienta** al niño en su sillita, por favor.
VESTIRSE ¿Te **has vestido** ya?	**VESTIR** ¿Has **vestido** ya al niño?
DESNUDARSE Miguelito, no **te desnudes,** que hace frío.	**DESNUDAR** Voy a **desnudar** a Miguelito, que tiene que bañarse.
PARARSE No **se paró** en el semáforo.	**PARAR** La policía **ha parado** a varios coches en ese cruce.
ACERCARSE **Acércate** al fuego, anda.	**ACERCAR** **Acerca** la olla al fuego. Así se calienta la sopa.
ALEJARSE Entonces el tipo **se alejó** y, por fin, nos dejó en paz.	**ALEJAR** **Aleja** un poco esa chaqueta del fuego, que se puede quemar.
MOVERSE No **os mováis** de aquí hasta que yo os lo diga.	**MOVER** Este tipo de negocio **mueve** mucho dinero.

•••○ Con otros verbos que funcionan con la serie **me/te/se/nos/os/se** la
acción puede recaer sobre algo y, al mismo tiempo, sobre el propio
sujeto. Son de este tipo aquellos verbos que expresan acciones sobre
una parte del cuerpo o de la indumentaria.

LAVARSE la cara	**Lávate** la cara antes de salir.
MANCHARSE las manos	¡Se **ha manchado** las manos de tinta!
PONERSE la ropa	**Quítese** la ropa.
QUITARSE la camiseta	¿Ya **te has lavado** los dientes?
CEPILLARSE el pelo	**Cepíllate** el pelo antes de acostarte.

•••○ Un caso especial es el verbo **ir**.

CON LOS PRONOMBRES **me/te/se/nos/os/se**	SIN PRONOMBRES
SE RESALTA LA IDEA DE QUE SE DEJA UN LUGAR.	SOLO SE INFORMA DEL DESTINO DE UN MOVIMIENTO
Me voy, hasta luego. **Me voy** al cine. **Se fue** a vivir a Canadá.	**Voy** al mercado. **Fue** unos días al Canadá de vacaciones.

Funcionan de forma semejante **venir/venirse, subir/subirse,
bajar/bajarse.**

USOS DE **PONER**

El verbo **poner** tiene significados y usos diferentes.

COLOCAR	**PONER** **Pon** la maleta encima de la cama, por favor.
INICIAR UNA ACCIÓN	**PONERSE A** + *INFINITIVO* **Me puse a estudiar** italiano el año pasado.
CON ROPA, ZAPATOS, ETC.	**PONERSE** (*CON* **me/te/se/nos/os/se**) No **te pongas** ese sombrero. Es horrible.
CON MOVIMIENTOS QUE HACE EL PROPIO SUJETO (**de pie/de rodillas/boca arriba/...**)	**PONERSE** (*CON* **me/te/se/nos/os/se**) **Ponte** de pie un momento, por favor.
PARA EXPRESAR CAMBIOS DE ESTADOS O DE *SENTIMIENTOS* (**nervioso/triste/contento/...**)	**PONERSE** (*CON* **me/te/se/nos/os/se**) Los dos **se pusieron** muy nerviosos cuando nos vieron. **Te has puesto** muy guapa. ¿Adónde vas?

Atención:
Cuando existe el verbo correspondiente, no se puede usar esta construcción.

~~ponerse enfadado~~	enfadarse
~~ponerse preocupado~~	preocuparse
~~ponerse asustado~~	asustarse
~~ponerse asombrado~~	asombrarse
~~ponerse desconcertado~~	desconcertarse

USOS DE **QUEDARSE**

QUEDARSE + *GERUNDIO*
ADJETIVO
PARTICIPIO

•••○ Estas construcciones permiten presentar un estado o una acción como resultado de un acontecimiento anterior.

Se quedó mirándome como si viera a un fantasma.
Me he quedado triste con lo que me has contado de Inés.
Se quedó muy **sorprendido** cuando le dije que te habías casado.

•••○ También se combina con muchas expresiones.

	hecho/a polvo.	*cansado*
	helado/a.	
QUEDARSE	de piedra.	*sorpresa*
	boquiabierto/a.	
	muerto/a.	*cansado*

···○ Otro uso de **quedar**, con la serie de pronombres **me/te/le/nos/os/les**, permite valorar el resultado final de lo que ha realizado alguien.

> Ha hecho su primera página web y **le ha quedado** muy bien.

DESCRIBIR EL ASPECTO FÍSICO

Es rubio/morena/pelirrojo/canosa/...
 alto/baja/de mediana estatura/...
 gordo/delgada/flaco/...
Es más bien alta/gordito/...
No es ni alto **ni** bajo/**ni** gordo **ni** flaco.

> Atención:
> Usamos **estar** cuando lo que se describe se percibe como algo pasajero o como el resultado de una evolución.
>
> > ¡Qué moreno/alto/delgado **está**!
>
> > ¡Qué bajita es!   ~~¡Qué bajita está!~~

Tiene los ojos azules/grandes/muy bonitos/...
 la boca grande/la nariz respingona/...
 el pelo rubio/blanco/rizado/...

Lleva bigote/barba/perilla/...
 el pelo largo/corto/teñido/...
 ropa muy bonita/un traje gris/...

MARCADORES TEMPORALES

···○ Una acción que empieza brusca o inesperadamente.

> **De repente/De pronto/De golpe**
> Estaba él tranquilamente en el sofá y **de repente** saltaron todos los cristales de las ventanas.

···○ Acciones sucesivas.

> **Entonces**
> Salí de casa y **entonces** lo vi esperándome en la esquina.

> **Inmediatamente**
> Teresa llegó muy seria. **Inmediatamente** pensé que pasaba algo grave.

···○ Acciones que se desarrollan paralelamente.

> **Y, mientras,**
> Yo preparo la cena **y, mientras,** tú vas a comprar vino, ¿vale?

Y, al mismo tiempo,...
Justina trabaja en el aeropuerto **y, al mismo tiempo,** hace de contable en otra empresa.

Entonces (=el periodo de tiempo mencionado)
Estuve dos años en Nueva York. **Entonces**, los niños eran pequeños y nosotros muy jóvenes.

•••○ Acciones puntuales que suceden en el mismo momento.

Al + *INFINITIVO*
Al **entrar** en casa, me di cuenta de que había pasado algo raro.

•••○ Otros usos: a veces **al** + Infinitivo se usa para expresar la causa.

Al **estar** enfermo, no pude ir a la reunión del jueves.

PARTÍCULAS ESPACIALES

Pon la caja **encima de** la mesa, por favor.
Mi casa está **cerca de** una parada de metro.
El cuadro quedaría bien **al lado de** la lámpara.
Verás un estanco **frente a** la farmacia.

Está **enfrente del** mar.
Deja los abrigos **sobre** el sofá.
Se sentó **junto a** su novio.
El cine está **detrás de**l ayuntamiento.

TRANSMITIR ÓRDENES

•••○ Pedirle a alguien que transmita una orden.

VERBO DE LENGUA	+ **que** +	*PRESENTE DE SUBJUNTIVO*
Dile		
Dígale		venga.
	que	se vaya.
¿Puedes decirle		
¿Le dirás		

| Ø | ¡Que | se vaya! |
| Ø | ¡Que | no **venga**! |

•••○ Transmitir una orden o una petición.

VERBO DE LENGUA + **que** +		*PRESENTE DE SUBJUNTIVO*
Me ha dicho		me **quede** un rato con ella.
Le he pedido	que	no **vuelva** nunca por allí.
Quiere		**salga** pronto de trabajar.

Va mi novia y me dice: "Se ha acabado. No quiero saber nada más de ti".

•••○ En muchas ocasiones, en un estilo coloquial transmitimos las palabras sin transformar nada, como si escenificáramos lo que se dijo o se va a decir, lo que nos permite introducir muchos matices con la entonación. No solo queremos transmitir el contenido, sino que además queremos aludir a la forma en la que se hace.

Va ella y le dice a su jefe: "Lo dejo. No pienso trabajar más aquí".

gente genial

LEY
LIBERTAD
IGUALDAD

Aquí encontrarás:

EJERCICIOS

1 La voz pasiva. Otros recursos propios de la lengua escrita.

2 Contraste Indefinido e Imperfecto.

3 Contraste Indefinido e Imperfecto.

4 Contraste Indefinido e Imperfecto. Marcadores y expresiones temporales.

5 Verbos de cambio: **ponerse, hacerse, volverse, llegar a ser, quedarse.**

6 Verbos de cambio.

7 Verbos de cambio y perífrasis verbales.

8 Perífrasis verbales.

9 Perífrasis verbales. Contraste Indefinido e Imperfecto.

10 Valoraciones.

11 Recursos propios de la lengua escrita. Contraste Indefinido e Imperfecto. Expresiones temporales. Verbos de cambio. Perífrasis. Valoraciones.

ASÍ PUEDES APRENDER MEJOR

CONSULTORIO LINGÜÍSTICO

1 El redactor de *Gente informada* ha escrito esta noticia para la sección de cultura en un estilo muy informal. ¿Qué cambiarías tú para que tuviera un estilo más adecuado?

> La exposición "El arte popular andaluz" fue inaugurada por...

Cultura

GENTE INFORMADA

ARTE ANDALUZ

La exposición "El arte popular andaluz" la inauguró ayer en Málaga el alcalde de la ciudad. Las 350 piezas que componen esta colección las transportarán después a distintas ciudades europeas, donde las expondrán en museos y en salas de todo el continente. Según explicó Ricardo Gálvez, presidente de la fundación "Arte y Cultura" y promotor de esta iniciativa, esta exposición pretende dar a conocer a jóvenes artistas de la comunidad. A estos jóvenes los han escogido porque son muy buenos pintores y porque tienen un talante muy innovador. Entre ellos están Federico Cortés e Irene Carmona. Les dieron un premio, el Premio Nacional de Cerámica el pasado año. Las obras las fabrican en esta ocasión con materiales como cerámica, madera y también cuero y, en la exposición, las han agrupado de acuerdo con su finalidad: de uso cotidiano, adorno o decoración...

2 Vas a escuchar a unas personas que cuentan a sus hijos la historia de su familia. ¿Qué cosas vivieron o pasaron en aquella época? Apunta dos sucesos que marcaron su vida y algunas características de la época.

¿Hay alguien en tu familia que haya vivido algún episodio especial? ¿Recuerdas alguna anécdota divertida de tu abuelo o de tu abuela? Puedes contar la anécdota a tus compañeros: prepara tu intervención.

3 ¿Sabes cuántos kilómetros tiene la Muralla china? ¿Y por qué se construyó? Si lees esta historia del emperador que la mandó levantar, lo averiguarás. Luego, puedes leerla otra vez para escoger la forma verbal adecuada (Imperfecto o Indefinido). Ten en cuenta que, algunas veces, las dos son posibles, pero el punto de vista del narrador cambia.

Había/Hubo en el s. III a. J.C. un emperador en China que **se llamaba/se llamó** Qin Shi Huangdi y **era/fue** uno de los mayores guerreros que ha habido en toda la Historia. La provincia que **gobernaba/gobernó** se **llamaba/se llamó** Tsin (Qin) y es probable que el nombre actual de todo el país, "China", derive del suyo ("Chin-" y "tsin" se parecen, ¿verdad?). De hecho, con sus conquistas, no solo **llegaba/llegó** a ser señor de todo el país, sino que también **establecía/estableció** una nueva organización en todo el territorio. Por esta razón, **expulsaba/expulsó** a los demás príncipes y **volvía/volvió** a dividir el país. También **ordenaba/ordenó** quemar todos los libros de historia y todas las noticias antiguas, así como todos los libros de cantos y los escritos de Confucio y Lao-Tsé. Y si alguien **conservaba/conservó** algún libro, **era/fue** ajusticiado. Con todas estas decisiones, el emperador **quería/quiso** borrar todo recuerdo de tiempos anteriores: China **tenía/tuvo** que ser, enteramente, obra suya.

Qin Shi Huangdi **construía/construyó** carreteras a lo largo del país e **iniciaba/inició** una obra grandiosa: la Muralla china, un poderoso muro fronterizo de más de 5000 km de longitud que recorre llanuras, valles, colinas y desiertos. La **hacía/hizo** construir para proteger a China y a sus numerosos ciudadanos y agricultores pacíficos y laboriosos de los pueblos de la estepa, de las bandas de jinetes guerreros que **recorrían/recorrieron** sin rumbo las inmensas llanuras del interior de Asia. Y para este fin **era/fue**, realmente, muy apropiada. Ha resistido durante milenios y todavía sigue en pie.

4 ¿Te acuerdas de qué pasó en estos años? De los siguientes temas, ¿cuáles recuerdas o conoces? Escoge cinco y anota lo que sabes de ellos.

Escucha ahora este programa de "Radio Magic" y comprueba si tus suposiciones eran correctas. Anota otros cinco hechos que recuerdes que ocurrieron en esos años.

1994	Telescopio espacial "Hubble"
	Selección brasileña de fútbol
1995	El ciclista Miguel Induráin
	Oklahoma
1996	Atlanta
	François Mitterrand
1997	Ruanda
	Oveja "Dolly"
	Madre Teresa de Calcuta
1998	Película *Titanic* →
	Irlanda del Norte
	Nave espacial "Mars Pathfinder"
1999	Ex Yugoslavia
	Eclipse solar
2000	Submarino "Kursk"
	José Saramago
2001	"Torres gemelas" de Nueva York
	George Harrison
	Afganistán
2002	Euro
	Billy Wilder

Titanic ganó muchos Oscars (11). Está basada en el accidente del transatlántico.

¿Qué pasó en tu país en esa época? Anota los hechos importantes de los que te acuerdes o investiga. Después, con todos los datos que tienes, intenta escribir un pequeño reportaje periodístico sobre lo que ocurrió en esos años en tu país o en otro de tu interés. Puedes hacerlo solo o en pequeños grupos.

Aquí tienes el principio:

Los noventa fueron unos años de rápido cambio y de transición a una nueva época. El último decenio del siglo XX empezó con...

TRATA DE UTILIZAR

Al cabo de dos años/meses/...
Unos días/meses/años/... **más tarde,**
Poco después,
Tras/Después + Infinitivo,
A las dos semanas/los tres meses/los cuatro años...
Mientras
En ese/a mismo/a año/época/...
Aquel día/junio/... de 1999/2002/...
En aquellos días/meses/años/momentos/...

5 Lee las frases de la columna izquierda. En todas ellas se expresan cambios. Haz corresponder cada ejemplo con la regla de la segunda columna que te parezca más adecuada. ¿Con qué palabras de la tercera columna pueden combinarse los verbos de la primera columna?

VERBOS	IDEA QUE EXPRESAN	PALABRAS QUE ACOMPAÑAN
1. PONERSE ● ¡Huy, qué cara tienes hoy! ¿Qué te pasa? ○ Pues nada, que me han suspendido. **Me he puesto nervioso** y no he podido decir nada. En fin, ya se me pasará. ● ¡**Te has puesto** muy **guapa**! ○ ¿Adónde vas? ● Al cine, con Ramón.	**A.** Una transformación que está relacionada con la edad, la ideología, la profesión, etc. **B.** Un cambio de estado temporal en el aspecto físico o en el ánimo de una persona.	☑2 budista ☐ loco ☐3 ciego ☐ colorado ☐3 contento ☐ de mal humor ☐2 del Barça ☐2 del Partido Liberal ☐3 una actriz famosa ☐ rico ☐ en la miseria ☐ millonario ☐ fontanero ☐3 muy antipático ☐3 muy conocido ☐ preocupado ☐ sin aliento ☐ sin amigos ☐ tranquilo
2. HACERSE ● ¡Vaya con Eduardo! ¡Quién lo ha visto y quién lo ve! **Se ha hecho mayor**, ¿verdad? ○ Sí, es que el tiempo pasa para todos... ● ¿Sabes? **Me he hecho de Greenpeace.** ○ ¡Anda! ¿Pero tú no decías que no te importaban nada las ballenas, ni la capa de ozono...?	**C.** La situación de una persona, de una cosa o de un lugar, consecuencia de un suceso o de una actividad anterior.	
3. VOLVERSE ● No sé qué le pasa a Gracia últimamente, **se ha vuelto** muy **rara**. Antes no era así. ● ¡Hay que ver cómo ha cambiado Juan! Con lo reservado que era, ahora **se ha vuelto súper extrovertido**, ¿verdad?	**D.** Una transformación en el carácter o en la actitud de una persona.	
4. LLEGAR A (SER) ● No tenía estudios, pero era muy trabajador. Empezó de administrativo y, ya ves, **llegó a (ser) vicepresidente.** ● ¡Como sigas así, no **llegarás a (ser) nada** en la vida!	**E.** Una mejora o un logro en la profesión o en el estatus de una persona, fruto de su esfuerzo.	
5. QUEDARSE ● ¡Pobre Pablo! Tuvo un accidente terrible hace seis meses y desde entonces **se ha quedado cojo** y, encima, **sin trabajo**. ● Todo el mundo está de vacaciones. ¡La ciudad **se ha quedado desierta**!		

puse=more emotion

6 Lee las frases siguientes y escoge el verbo adecuado en cada caso.

1. Cuando me enteré de que Augusto y Belén se habían casado (ME QUEDÉ/ME PUSE) sin habla: ¡yo creía que casi no se conocían!
2. ¡No te (VUELVAS/PONGAS) triste, mujer! Ya verás como todo se arregla.
3. Desde que se murió su mujer le ha cambiado el carácter. Además, (SE HA QUEDADO/SE HA VUELTO) muy solo. *física* *emocional*
4. Tenía una fortuna inmensa, pero la perdió toda jugando a la ruleta. Entonces (SE VOLVIÓ/LLEGÓ A SER) muy ahorrador y muy tacaño. *as result*
5. Es una mujer increíble. Empezó desde la nada, pero (SE HA HECHO/HA LLEGADO A SER) directora de marketing. Todo lo que es, lo ha conseguido ella sola.
6. Irene me ha contado sus problemas con el trabajo y con la familia y, claro, (ME HE QUEDADO/ME HE PUESTO) muy preocupado.
7. Es una artista autodidacta. Pero, si sigue así, seguro que (SE PONDRÁ/LLEGARÁ A SER) una de las grandes escultoras de este siglo.
8. Resulta que el camarero le manchó un poco el traje y ella (SE PUSO MUY ENFADADA/SE ENFADÓ) mucho con él.

Se puso muy enfado mucho | Se enfadó mucho

7 Fíjate cómo ha cambiado María su estilo de vida, con el tiempo se ha vuelto más sana.

● Yo antes no me cuidaba nada, fumaba muchísimo, salía todos los días, me acostaba tarde... Al final me puse muy enferma. Me volví muy solitaria y muy rara, no quería ver a nadie.

Hasta que un día decidí cambiar de vida, me puse a pensar y me dije: "Voy a dejar de fumar". Ahora me he convertido en una buena deportista. En definitiva, me he vuelto una mujer muy sana.

Escribe tú los cambios más importantes de tu vida. ¿Tienes las mismas aficiones que antes? ¿Haces cosas que antes nunca hacías? Puedes utilizar los verbos del ejercicio anterior (volverse, hacerse, quedarse, ponerse, llegar a ser) y los que tienes en el cuadro.

TRATA DE UTILIZAR

cambiar de + nombre
convertirse en + nombre
transformarse en + nombre
ponerse a + Infinitivo
dejar de + Infinitivo
seguir + Gerundio
terminar + Gerundio

8 ¿Te gusta la música clásica? En este concierto pasó algo muy extraño. Intenta ordenar las frases para averiguar qué ocurrió.

Como parecía ser un virtuoso del instrumento, la orquesta no paró y **siguió tocando.**

El público, asombrado, **se quedó mirando** al extraño personaje.

Iba vestido muy raro, como del s. XVIII, pero **tocaba** el violín con un gusto exquisito.

Todos estaban maravillados con su arte; el director le cedió su puesto y el violinista misterioso, **sin dejar de tocar, se puso a dirigir** la orquesta.

Estaban tocando los músicos los primeros compases del segundo movimiento cuando, de repente, un espectador subió con un violín al escenario.

Cuando, al final, **terminaron de tocar**, el público se puso a aplaudir sin parar.

Pero, como por arte de magia, el músico, de repente, había desaparecido. ¿Dónde estaba? ¿Quién era? ¿Había sido el propio Haydn? Nadie lo sabe. A lo mejor...

Dos minutos más tarde, se apagaron las luces y la orquesta **empezó a tocar** la sinfonía nº 96, *El milagro*, de J. Haydn.

Desde entonces, la orquesta no **ha dejado de tocar** la sinfonía 96.

Eran casi las nueve y el concierto **estaba a punto de empezar.**

9 En el ejercicio anterior has podido observar desde cuántos punto de vista nos podemos referir a la acción de tocar. Ahora, vamos a practicar con la historia de Manuel. Con ayuda del cuadro, completa el texto usando estas perífrasis. Ten en cuenta que puede haber diferentes soluciones.

TRATA DE UTILIZAR

1 **ir** + Gerundio   Voy a
2 **seguir** + Gerundio   Seguó
3 **empezar a** + Infinitivo
4 **seguir sin** + Infinitivo
5 **dejar de** + Infinitivo
6 **estar a punto de** + Infinitivo
7 **estar** + Gerundio
8 **volver a** + Infinitivo
9 **ponerse a** + Infinitivo
10 **quedarse** + Gerundio

1. Manuel era un hombre tranquilo, aunque un poco triste, al que le gustaba pescar. Aquel viernes se había levantado temprano. El sol _empezó a salir_ (SALIR) cuando dejó la casa para acercarse al río. 2. _Estaba andando_ (ANDAR) pausadamente por el camino, cuando, de pronto, oyó un ruido extraño detrás de él, que parecía la voz de una persona. 3. Se dio la vuelta un par de veces pero, como no veía nada raro, _Seguó caminando_ (CAMINAR) sin preocuparse más. 4. Ya _estaba a punto de_ (LLEGAR) cerca de donde estaba el río, cuando aquella voz extraña _se iba oyendo_ (OÍRSE) otra vez, ahora con mayor intensidad. 5. Manuel _se puso a_ (MIRAR) fijamente a su alrededor, pero no conseguía ver nada ni a nadie. 6. Un rato después llegó al río y _volvió a_ (PESCAR) tranquilamente. 7. Al cabo de unos minutos, una voz que ahora le resultaba familiar se dirigió a él. Manuel _dejó de_ (PESCAR) y se giró en todas las direcciones, pero _seguía sin ver_ (VER) quién se dirigía a él. 8. Y, sin saber por qué, de repente, se dio cuenta de que aquella voz era en realidad su propia voz, de que _había estado_ (HABLAR) consigo mismo...
hablando
INF.

10 Vas a escuchar a varias personas que hablan de cuatro inventos. ¿Sabes de cuáles de estos nueve se trata?

Blaise Pascal
(1623 – 1662, Francia)

Zacharias Janssen
(1580 – 1638, Holanda)

Cadmo
(s. IX al VIII a. C., Fenicia)

King Camp Gillette
(1855 – 1932, EEUU)

Adolphe Sax
(1814 – 1894, Bélgica)

John Mac Adam
(1756 – 1836, Reino Unido)

Joseph Guillotin
(1738 – 1814, Francia)

Frank McNamara
(1917 – 1957, EEUU)

Ahora, escoge un invento y, sin decir el nombre, dile a tu compañero por qué te parece importante. Él tendrá que descubrir de qué estás hablando. ¿Valora él ese invento de la misma manera que tú? Si queréis, podéis hacerlo con otros inventos.

Charles Hard Townes
(1915 – 1999, EEUU)

Piensa en un inventor, artista o político de tu país. ¿Qué es lo que más valoras de él? Escríbelo.

11 Los famosos Premios Nobel se deben a la figura de un prolífico inventor: Alfred Nobel. A continuación, encontrarás algunos datos sobre su vida y su obra. Escoge los puntos que consideres más importantes de cada sección e intenta escribir una breve biografía sobre él.

VIDA

■ Nació en Estocolmo (Suecia) en 1833.
■ Pertenecía a una familia de ingenieros. Su padre tenía una fábrica de explosivos.
■ Era un hombre muy culto. Hablaba cinco idiomas (sueco, ruso, francés, inglés y alemán). Escribió dramas y poesía.
■ En el momento de su muerte, poseía una enorme fortuna: tenía 355 patentes registradas y había construido unas 90 fábricas en 20 países.
■ Muere en su casa de San Remo (Italia) en 1896.

EL PREMIO NOBEL

■ Durante mucho tiempo pensó en donar su fortuna.
■ En su testamento ordenó destinar su fortuna a la creación de unos premios dedicados a las personas que produjeran un bien para la Humanidad, en los campos de la Física, la Química, la Medicina, la Literatura y el fomento de la Paz. A partir de 1968, también se concede el de Economía.
■ En 1901 se conceden los primeros premios Nobel.
■ Los premios Nobel siempre han sido polémicos. Por ejemplo, en 1935, Hitler y Mussolini fueron propuestos para el Nobel de la Paz.

LA DINAMITA

■ En 1847, Sobrero, profesor de Alfred, inventa la nitroglicerina, una sustancia con una terrible fuerza explosiva, pero muy difícil de controlar.

■ En 1863 Alfred inventa el detonador.

■ En septiembre de 1864 muere su hermano Emil y cuatro personas más al producirse una gran explosión de nitroglicerina en su fábrica de Estocolmo.

■ En Alemania descubre una arena porosa y absorbente, que mezcla con nitroglicerina. Así consigue una sustancia estable que podía ser transportada sin peligro: la dinamita.

¿Qué opinión tienes de Alfred Nobel? ¿Crees que su legado ha sido beneficioso para la Humanidad? Pregúntale a un compañero qué piensa él.

Así puedes aprender mejor

Si lees este artículo, observarás que el autor usa diferentes recursos para no repetir demasiadas veces los tres conceptos subrayados: hombre de Neandertal, homo antecessor y África. **Identifica en el texto cuáles son estos recursos en cada caso** (sinónimos, palabras más generales o más concretas, pronombres demostrativos, pronombres personales y posesivos, adverbios, elipsis, etc.).

El homo antecessor

Los científicos han descubierto que dos de las especies más importantes de homínidos, el homo sapiens y el <u>hombre de Neandertal</u> poseían un antepasado común: el <u>homo antecessor</u>. Este último surgió en <u>África</u> hace unos 800 000 años pero, mientras algunos de ellos se quedaron en este continente, otros emigraron a Europa. De este modo, durante miles de años, el antecesor evolucionó de forma paralela en uno y otro continente. En Europa, evolucionó hacia el homo neandertalensis, mientras que, en el continente africano, lo hizo hacia el sapiens. Más tarde, hace unos 40 000 años, individuos de esta especie llegaron a Europa y, previsiblemente, se encontraron con sus primos europeos. Allí, ambas especies convivieron durante 10 000 años, hasta que la especie originaria de Europa se extinguió. Si hubo mestizaje o no, no se sabe o no hay constancia fósil. A veces se ha dicho que los neandentales desaparecieron porque eran menos inteligentes que el homo sapiens. Pero hoy se sabe que estos homínidos cuidaban a sus enfermos, enterraban a sus muertos, eran buenos cazadores, cocinaban y, probablemente, hablaban. Así que, en circunstancias distintas, tal vez el desenlace hubiera podido ser otro.

Para que nuestro interlocutor sepa de qué tema estamos hablando utilizamos diferentes recursos que aluden a ese tema sin repetirlo. Sinónimos (individuo, persona, ser humano), **palabras más generales** (ser vivo) **o más concretas** (antropólogo), **pronombres demostrativos** (éste, aquél), **pronombres personales** (él, ellas) **y posesivos** (mío, suyo), **adverbios** (allí, entonces), **elipsis** (ø), **etc. Utilizarlos adecuadamente permite escribir un texto de forma más rica y más ágil, sin tantas repeticiones.**

AÑOS Y SIGLOS

•••○ En español, nos referimos a los siglos con números cardinales.

> **el siglo X** (se pronuncia: *el siglo diez*)   ~~el siglo décimo~~

•••○ En la lengua escrita, los siglos se escriben en cifras romanas.

> Es una iglesia **del siglo XIII**. *Se terminó de construir en el año 1267.*
> *Clarín es un novelista español muy importante* **del siglo XIX**.
> *Solucionar el problema del agua es un desafío esencial para* **el siglo XIX**.

•••○ Para situar un hecho en un año.

> **En** 1936 *terminó la Guerra Civil española.*   *SIN ARTÍCULO*
> **En el** 36 *terminó la Guerra Civil española.*   *CON ARTÍCULO*

> **El 12 de** *octubre* **de** *1492 Colón llegó a América.*

•••○ Las abreviaturas **a. C.** y **d. C.** significan, respectivamente, "antes de Cristo" y "después de Cristo". Esto último se señala únicamente si la fecha puede ser objeto de confusión por la proximidad al inicio de la era cristiana.

> *Nació en* **el año 45 d. C.**

•••○ Para referirnos a las décadas de un determinado siglo.

> *A finales de* **los sesenta** *se desarrolló el movimiento hippie.*
> *Me encanta la música de* **los 80**.

Las décadas, siempre en singular.

> **los** cuarent**a**   ~~los sesentas, los noventas...~~

•••○ Para referirnos a un periodo de forma aproximada.

> **A principios de**
> **A mediados de** { *los noventa/los años veinte/el siglo XX...*
> **A finales de**

REFERIRSE A MOMENTOS Y A ÉPOCAS YA MENCIONADOS

En los relatos, cuando queremos hablar de momentos o de épocas que ya se han mencionado, utilizamos una serie de conectores.

En esa época
En aquella época   (=en la época mencionada)

En esos momentos/meses/años/...
En aquellos momentos/meses/años/...   (=en los momentos, meses o años mencionados)

En ese momento
En aquel momento   (=en el momento mencionado)
Entonces

En } aquel día/verano/año/...
esa primavera/semana/...

En el momento {
de su muerte, no sufrió.
del nacimiento de su hijo, se puso muy nervioso.
de decidir su futuro, vio claro que debía marcharsea París.
en el que lo vio, se dio cuenta de que lo quería mucho.

· · · ◉ Cuando queremos insistir en que dos acciones se sitúan en el mismo periodo o momento.

En esa misma época
Ese mismo año   empezaron las huelgas de trabajodores.
Ese mismo día

RELACIONAR MOMENTOS DEL PASADO

· · · ◉ A veces, en un relato, nos interesa hacer hincapié en el tiempo que separa dos acciones.

Se casaron en 1980   (y) {
al cabo de tres años emigraron a Brasil.
dos años más tarde tuvieron su primer hijo.
poco después ella cambió de trabajo.
a las dos semanas se divorciaron.

A las dos semanas de casarse, se divorciaron.
Después de casarse, se fue a Francia.

· · · ◉ En registros cultos.

Tras ser nombrada embajadora y destinada a la India, empezó a escribir.

· · · ◉ A veces, en el relato, hacemos un *flash back*, una vuelta cronológica hacia el pasado. Recuerda que entonces solemos usar el Pretérito Pluscuamperfecto.

Antes de casarse con Luisa ya había estado casado dos veces.

ETAPAS DE LA VIDA

En su juventud fue aviador.

De niño
De joven   tuvo que irse de su país.
De mayor

A los 25 años decidió abandonar su carrera de música. (=cuando tenía 25 años)

DURACIÓN

Durante {
muchos años/unos meses/unos días/...
un tiempo/mucho tiempo/...
una temporada
} tuvo problemas económicos.

(Durante) toda su vida tuvo problemas económicos.

PERÍFRASIS VERBALES (I)

•••O Interrupción de una acción.

  DEJAR DE + *INFINITIVO* Tuvo que **dejar de** pint**ar** a causa de una enfermedad.

•••O Final de un proceso que se ha cumplido.

  TERMINAR DE + *INFINITIVO* **Terminó de** trabaj**ar** a las seis.

•••O Inicio de una acción.

  EMPEZAR A + *INFINITIVO*   **Empezó a** estudi**ar** medicina a los cuarenta años.

  COMENZAR A + *INFINITIVO* El abuelo **comienza a** ten**er** problemas de salud.

  PONERSE A + *INFINITIVO*   **Se puso a** recog**er** la ropa cuando vio que llovía.

•••O Repetición de una acción.

  VOLVER A + *INFINITIVO*   Un año después del divorcio, **se volvió a** cas**ar**.

•••O Continuación de una acción.

  SEGUIR + *GERUNDIO*   **Siguió** escrib**iendo** hasta el día de su muerte.

  CONTINUAR + *GERUNDIO* ¿**Has continuado** y**endo** al gimnasio o lo has dejado?

  Y, en negativo.

  SEGUIR SIN + *INFINITIVO* **Siguió sin** habl**ar**nos durante todo el verano.

•••O Prolongación de una acción.

  LLEVAR + *GERUNDIO*   **Lleva** tres años escrib**iendo** una novela.
  LLEVAR + *PARTICIPIO* **Llevaban** cas**ados** tres años cuando nació su hijo.

  Y, en negativo.

  LLEVAR + **SIN** + *INFINITIVO* **Lleva** todo el día **sin** tom**ar** nada.

•••O Resultado negativo de un proceso.

  ACABAR + *GERUNDIO*   Había sido muy rico pero **acabó** viv**iendo** en la calle.
  TERMINAR + *GERUNDIO* Su novia **terminó** dej**ándo**lo.

•••O Mejora en la profesión o el estatus.

  LLEGAR A (SER) + *NOMBRE*   Era de origen humilde pero **llegó a ser** ministro.

•••O Acción que se presenta como un proceso gradual.

  IR + *GERUNDIO*   **Fue** descubr**iendo** con el tiempo que aquel trabajo
          no le interesaba.

Aunque de joven no le interesaba la política, llegó a ser presidente de nuestra comunidad.

•••● Futuro inminente o que no llega a cumplirse.

> ESTAR A PUNTO DE + *INFINITIVO*
> Cuando nací yo, **estaba a punto de** estallar la guerra.
> **Estuvimos a punto de** morir en un accidente de tren.

Atención:
Cuando estas construcciones se combinan con pronombres, éstos van delante del verbo conjugado o detrás de la forma no conjugada (Infinitivo o Gerundio), pero nunca en otra posición y siempre juntos. En la lengua oral, es más frecuente colocarlos detrás del verbo.

> Estuvieron a punto de dar**le** el Premio Planeta.
> ●¿EL Premio Planeta?
> ○ **Se lo** estuvieron a punto de dar.   Estuvieron a punto de dár**selo**.
>
> Fue dánd**ose** cuenta poco a poco de que la música no era lo suyo.
> **Se** fue dando cuenta poco a poco de que la música no era lo suyo.

EXPRESAR TRANSFORMACIONES

CAMBIAR DE	**Cambió de** trabajo/pareja/casa/actitud/manera de pensar/planes/...
CONVERTIRSE EN	**Se convirtió en** un mito/un héroe/una persona muy especial/...
HACERSE	**Se hizo** rico/pobre/millonario/...
	famosa/muy conocido/...
	budista/anarquista/del Partido Liberal/...
	mayor/viejo/muy alta/guapo/...
PONERSE	**Se puso** muy guapo/muy gordo/muy enferma/...
	furioso/enfadadísimo/nervioso/colorado/...
QUEDARSE	**Se quedó** ciego/sordo/inválido/...
VOLVERSE	**Se volvió** muy introvertido/un poco raro/más amable/...

DATOS BIOGRÁFICOS

•••● Identificar a una persona en la Historia.

> Julio Cortázar **fue** un escritor muy importante para la literatura del siglo XX.
> Juan Sebastián Elcano **es** el primer navegante que da la vuelta al mundo.

•••● Aportar otros datos: origen, residencia, profesión, estado civil, fallecimiento, etc.

> Pablo Picasso **nació en** Málaga **en** 1881.
> **Estudió** Bellas Artes **en** Barcelona.
> **A los** veinte años **se fue a** París.
> **Trabajó** incansablemente **hasta** su muerte, a los 92 años.
> **Estuvo casado** con varias mujeres.
> **Se casó** varias veces.
> **Se separó de** Françoise Gilot en 1935.
> **Tuvo** cuatro hijos.
> **En** 1948 **se instaló en** el sur de Francia.
> **Murió en** Francia **en** 1973.

IMPERFECTO E INDEFINIDO

Recuerda que en un relato nos referimos a acciones y a momentos o periodos en los que estos ocurren. A lo largo del relato, vamos eligiendo nuestro punto de vista. Es decir, la elección entre Imperfecto o Indefinido no depende de cómo fue la realidad sino de cómo el hablante la quiere presentar.

···o El Imperfecto permite (en español, como en las otras lenguas románicas: francés, italiano, rumano, etc.) presentar una acción en su desarrollo.

Permite describir lo que sucede en una etapa o en un momento mencionado, como si viéramos la escena congelada, sin considerar sus límites.

En algunos casos el Pretérito Pluscuamperfecto desempeña una función parecida.

Usamos, pues, el Imperfecto para:

*REFERIRNOS A **CUALIDADES** DE ALGO O DE ALGUIEN EN UN <u>PERIODO YA FIJADO</u>*	De niña, **era** rubia y **llevaba** el pelo hasta la cintura.
*REFERIRNOS A ACCIONES QUE **SITÚAN** OTRA ACCIÓN, QUE PRESENTAN EL "ESCENARIO" DE LA ACCIÓN QUE NOS INTERESA REALMENTE CONTAR*	**Eran** tiempos difíciles, Europa **estaba** en guerra y él decidió emigrar a Argentina. Eran tiempos difíciles, el país **había sufrido** una guerra y en ella **había muerto** casi toda su familia; se **encontraba** solo...
*DESCRIBIR LAS ACCIONES QUE SE PRODUCEN **REPETIDAMENTE**, **HABITUALMENTE** EN UN <u>PERIODO YA ESTABLECIDO</u>*	Yo pasé mi época de estudiante en Madrid. En aquella época **hacía** mucho deporte y **estudiaba** como un loco, pero **salía** todas las noches. De niños, **habíamos jugado** mucho con nuestros vecinos.

···o Cuando lo que nos interesa es informar de la cantidad de tiempo que dura una acción, o señalar su límite, o hablar del número de veces que ha ocurrido, no se puede usar el Imperfecto. Es decir, con expresiones temporales que delimitan un período se utiliza siempre el Indefinido o el Perfecto.

Se casó cinco veces.	**Se casaba** cinco veces.
Pintó incansablemente hasta su muerte.	**Pintaba** incansablemente hasta su muerte.
Estuvo diez años en EEUU.	**Estaba** diez años en EEUU.
Ha trabajado mucho toda su vida.	**Trabajaba** toda su vida.
Ha vivido siempre en México.	**Vivía** siempre en México.

REBATIR UNA VALORACIÓN INTENSIFICADA

No es/son tan + *ADJETIVO* + **como** + *VERBO*
> La obra de González **no es tan original como** se ha dicho.

No + *VERBO* + **tanto/tanta/tantos/tantas** + *SUSTANTIVO* + **como** + *VERBO*
> **No hizo tantas cosas como** tú dices.

No + *VERBO* + **tanto como** + *VERBO*
> **No trabajó tanto como** tú **crees**.

Más + *ADJETIVO* + **de lo que** + *VERBO*
> Es **más interesante de lo que** parece.
> > > > > pensaba.

● Es **muy** bueno/a. ● Pintó **mucho**. ● Escribió **muchos** libros. ● **Tiene** muchas **amigas**.
○ ¡**No tanto**! ○ ¡**No tanto**! ○ ¡**No tantos**! ○ ¡**No tantas**!

RELATOS EN REGISTRO FORMAL

•••❂ En textos de tipo científico, a menudo, se relatan los hechos históricos en Presente de Indicativo *(PRESENTE HISTÓRICO).*

> Entre 1804 y 1828 **proclaman** su independencia una docena de estados americanos. El primero en hacerlo **es** Haití, tras una sangrienta insurrección de esclavos que **pone** fin al dominio francés…

•••❂ En este tipo de textos, son frecuentes las construcciones pasivas, que en español se usan exclusivamente en los registros formales (prensa, texto científico, etc.).

> *VERBO* **SER**   *PARTICIPIO QUE CONCUERDA CON EL SUJETO*
> El detenido **ha sido**   acusa**do** de tráfico de estupefacientes **por** el fiscal.
> La nueva ley **fue**   aproba**da** por amplia mayoría.
> Los detenidos **serán**   juzga**dos** esta semana.

•••❂ En un registro culto, como el de los textos históricos (enciclopedias, artículos, manuales, etc.), es habitual elidir los verbos **ser** o **estar** y, con ellos, las partículas que explican la relación con la oración principal.

> **Acusada de conspirar,** es condenada a varios años de cárcel.
> (=porque estaba acusada)

> **Descubierto por sus vigilantes,** es conducido de nuevo a la cárcel.
> (=al ser descubierto)

> **Hijo de campesinos,** fue consciente siempre de la injusticia que reinaba en su país.
> (=como era hijo de campesinos)

> **Convencido de que tenía que comprometerse,** se hizo del Partido Liberal.
> (=como estaba convencido)

gente de aventura

Aquí encontrarás:

EJERCICIOS

1 Describir espacios naturales y condiciones climáticas.

2 Prever circunstancias eventuales y reaccionar ante ellas.

3 Hacer previsiones.

4 Expresar resignación.

5 Expresar certeza y probabilidad.

6 Hacer hipótesis sobre una situación determinada.

7 Expresar diferentes grados de certeza.

8 Relaciones temporales de futuro. Uso de **depende de** y de **según** + Subjuntivo.

9 Marcadores y construcciones temporales.

10 Construcciones temporales. Acciones inmediatas.

11 Correlación temporal.

12 Pretérito Imperfecto de Subjuntivo. Verbos irregulares.

13 Prever incidentes. Condicional + Imperfecto de Subjuntivo.

14 Usos de **por** y **para**.

ASÍ PUEDES APRENDER MEJOR

CONSULTORIO LINGÜÍSTICO

1 Lee los textos sobre Guatemala, uno de ellos extraído de una enciclopedia y el otro, de una guía turística. Elige uno de los dos modelos y escribe un texto parecido sobre tu país.

GUATEMALA, estado de América Central, que limita al N y al O con México, al S con el océano Pacífico y El Salvador, y al E con Honduras y el mar de las Antillas. 108 889 Km²; 8 434 000 h., aproximadamente (guatemaltecos). Cap. Ciudad de Guatemala.

GEOGRAFÍA

Guatemala es un país de montañas y lagos. La Sierra Madre de Chiapas penetra en el territorio guatemalteco dividida en dos ramas: Sierra Madre y Cuchumatanes. La Sierra Madre, del lado del Pacífico, origina la meseta central. El volcán del Tacaná (4160 m), en el límite con México, da principio al eje volcánico que se dirige al golfo de Fonseca y forma los volcanes más importantes: Santa María (3768 m), entre otros. Los efectos de las erupciones volcánicas y los terremotos han provocado grandes desastres. Los ríos tienen tres vertientes: la del océano Pacífico, la del Caribe y la del golfo de México. Los lagos ofrecen un gran potencial turístico por su belleza natural y por sus posibilidades de desarrollo.

CLIMA

Aunque situada en zona tropical, Guatemala goza, gracias a sus diferentes niveles, de un clima variado, que va del cálido al frío. La época de lluvias se extiende de mayo a octubre.

GUATEMALA

SI EXISTE UN LUGAR QUE COMBINA CON GRACIA LAS IMPONENTES RUINAS MAYAS CON ALTOS VOLCANES QUE RECORTAN SUS SILUETAS SOBRE EL CIELO; POBLADOS INDÍGENAS CON CIUDADES DE INCREÍBLE BELLEZA ARQUITECTÓNICA; RITOS, CREENCIAS Y FIESTAS RELIGIOSAS CON PAISAJES DE BOSQUES TROPICALES, SELVAS, PLAYAS, LAGOS Y RÍOS, ESTE LUGAR ES SIN DUDA GUATEMALA.

CLIMA

Debido a las diferentes altitudes y desniveles de su territorio, Guatemala experimenta un clima tropical con temperaturas que alcanzan los 30°C durante todo el día, tardes con breves chaparrones y noches algo frescas. La costa del Pacífico y del Caribe es bastante calurosa y húmeda, con temperaturas que sobrepasan los 33°C, al igual que en la selva del Petén, donde es extraño el día que no llueve.

LUGARES DE INTERÉS

Lago Atitlán: con una superficie de 125 Km² y situado a 1560 m sobre el nivel del mar, es uno de los atractivos naturales más conocidos. Rodeado de poblados ribereños, tres volcanes le confieren una belleza paisajística sin igual. De entre las 12 poblaciones situadas alrededor del lago, Panajachel es el centro turístico y punto de partida de las embarcaciones que surcan el lago.

2 Paula y Victoria viven en Toledo y se van de viaje a una convención de trabajo en Gijón (Asturias), de viernes a domingo. Las dos son muy precavidas. Lee los comentarios que han hecho mientras preparaban el equipaje.
¿Te parecen normales las precauciones que toman? ¿Alguna de ellas te parece exagerada? ¿Cuál? Marca con una cruz las cosas que tú también harías.

VICTORIA

☐ Ya sé que es verano, pero yo me llevo el pijama de invierno, los calcetines de lana y una chaqueta gordita, que en esos hoteles **nunca se sabe**. Seguro que tienen el aire acondicionado a tope.

☐ ¿Sabes si tenemos seguro de viaje? Yo siempre que viajo me lo hago, **por si las moscas**. Que te puede pasar cualquier cosa en un viaje como éste.

☐ Hay una excursión a Covadonga el sábado. Creo que esa carretera tiene un montón de curvas, voy a coger las pastillas **por si** me mareo.

☐ Me llevaré el traje de baño. **A lo mejor** en el hotel hay piscina y **nunca se sabe**. Si nos queda un hueco en el programa, podremos darnos un chapuzón.

PAULA

☐ Llevo el paraguas, **que** en esa zona suele llover.

☐ Siempre llevo unas gafas de repuesto. Tú imagínate que pierdo éstas y no puedo leer mi presentación. **Hay que pensar en todo**.

☐ Tengo que acordarme de dejar a mi familia los datos del hotel, sobre todo el teléfono, **no vaya a ser que** pase algo y tengan que localizarme.

☐ **No sé si** habrá secador de pelo en la habitación, me llevaré el mío **por si acaso**.

Y tú, ¿qué incidentes sueles prever cuando te vas de viaje? Escribe 5 frases como las de Paula o las de Victoria. Trata de utilizar los recursos resaltados en negrita.

3 Carlos, que es muy precavido, se va una semana a un balneario de lujo en la sierra. ¿Qué diría respecto a las siguientes cuestiones? Puedes usar los recursos resaltados en negrita del ejercicio anterior.

Hilo y aguja.
Gorro para el sol.
Repelente para los mosquitos.
Traje de fiesta.
Antialérgicos.
Betún para los zapatos.
Placa con el grupo sanguíneo.
Los teléfonos de la policía, los bomberos, los hospitales de urgencia, etc., grabados en el móvil.

4 Completa estas frases:

- Hemos recibido una carta del banco: estamos sin saldo, *me temo que tendremos que pedir dinero a tu hermano.*
- No queda ni una entrada para el concierto del domingo _____.
- _____ no habrá más remedio que llamar al fontanero.
- Tenía el billete a Sevilla para el día 28 y resulta que me han puesto un examen para ese mismo día _____.
- Tiene muchos problemas en el colegio, _____.
- _____, le diré que tiene que irse a otro piso, esto no puede seguir así.
- _____, me temo que tendré que ponerme gafas.
- _____, creo que hay que retrasar la fecha de entrega, no hay más remedio.
- Los pisos en esta zona están carísimos _____.

5 Gema siempre ve las cosas de forma muy positiva. No le pasa lo mismo a Raúl. Completa las casillas que faltan.

¡Qué bien ir a la fiesta de Carmen! Seguramente van los asturianos, son muy majos...

Sí, los que seguro que van son los pesados de Paco y Carlota. Yo no los aguanto.

1 • Me apetece muchísimo ir de excursión al Delta. En esta época del año a lo mejor vemos flamencos.
  ○ *Flamencos no sé. Pero lo que sí habrá son mosquitos; eso seguro. Ya verás, el lunes volveremos a casa totalmente acribillados.*

2 • He quedado con Javier y con César. A lo mejor nos llevan a aquel restaurante indio tan bueno.
  ○ _____

3 • Pues este piso es muy barato para la zona donde está. Quizás es porque el dueño tiene prisa en venderlo.
  ○ _____

4 • Voy al dentista. No sé cuánto tardaré en volver. Creo que estaré de vuelta para la comida.
  ○ _____

5 • _____
  ○ No sé... Es una materia muy nueva. No creo que los profes que la dan tengan conocimientos sobre el tema.

6 • Estoy llamando a mi familia y no contestan. Habrán decidido pasar el fin de semana en la costa.
  ○ _____

↻ Intenta escribir dos predicciones más sobre algún tema que te interese. Tu compañero reaccionará ante ellas de forma optimista o pesimista.

6 De estas cuatro conversaciones, ¿cuál corresponde a esta situación?

> Alguien que no llega a una reunión importante a primera hora de la mañana.

- • No creo que le pase nada, todo el mundo tiene un mal día, ¿no?
- ○ Sí, habrá discutido con su novia.
- ■ O estará un poco cansado, últimamente trabaja mucho.
- ▢ Quizá se ha enfadado por lo de la reunión del viernes.

- • Quizás ha cambiado de dirección.
- ○ ¿Sabes?, puede que esté de viaje, últimamente no para en casa.
- ■ Pues yo creo que estará pensando la respuesta.
- ▢ Probablemente preferirá llamarte por teléfono.

- • Se habrá quedado dormido.
- ○ O igual está ya de camino.
- ■ Seguro que salió ayer hasta las tantas y ahora no puede ni levantarse.
- ▢ Oye, puede que esté enfermo y se haya quedado en cama. Ayer tenía mucha tos.
- ▲ Entonces, no creo que venga.

- • ¿Se le habrá acabado el presupuesto?
- ○ No creo, seguramente lo acabará cuando haga mejor tiempo.
- ■ Igual piensa dejarlo así.
- ▢ O quizás esté esperando a que le den la subvención.

¿A qué otras situaciones corresponden las tres restantes?

Imagina, ahora, una conversación entre tres personas y escribe las diferentes hipótesis que podrían hacer en las siguientes situaciones:

- Un amigo les ha escrito un correo electrónico diciendo que la próxima semana se va a vivir a Singapur.

- Se han enterado de que una amiga que pensaba casarse el mes próximo, de repente ha decidido romper su compromiso.

7 Paco, Carmen e Isabel hablan de distintos temas. ¿Cuáles son? Escríbelo en la primera columna. Después, marca en la casilla correspondiente el grado de certeza con el que se expresan sobre estas cuestiones.

		Muy seguro	Poco seguro	Nada seguro
Paco	Acabará sus estudios.	X		
	Pedirá una beca.			
Carmen				
Isabel				

8 Lee este artículo sobre las costumbres de los españoles al planificar sus vacaciones, ¿crees que, en general, son precavidos?

VIDA

EL TURISMO EN ESPAÑA

En general los españoles que viajan cuando tienen vacaciones prefieren el turismo interior. Es decir, la mayoría de desplazamientos se producen entre las distintas comunidades españolas. Los que deciden salir fuera, lo hacen a países europeos, sobre todo, a Francia y a Portugal. Los destinos internacionales más buscados entre los españoles son EEUU y Marruecos.

Lo más importante a la hora de planear las vacaciones es la diversión. Sus actividades favoritas durante las vacaciones son las compras, el descanso, disfrutar de la playa y visitar a familiares y a amigos.

Los españoles no planifican sus vacaciones con mucha antelación. La mayoría de los viajes se lleva a cabo sin haber hecho ningún tipo de reserva, y cuando las salidas son de corta duración (menos de cuatro días), se planifican el día anterior o el mismo día de salida. Sin embargo, en los desplazamientos de larga duración se muestran más precavidos: los planean, al menos, con una semana de antelación.

Escucha la encuesta a estas personas que hablan sobre sus próximas vacaciones de verano. ¿Cuándo suelen planificarlas? La encuesta se realizó en marzo. ¿De qué temas está pendiente cada uno de los encuestados para tomar decisiones?

Según / Depende de...

1. del dinero que consiga ahorrar y...   2. _____

3. _____   4. _____

¿Responden los encuestados al perfil que presenta el texto?
¿Cómo es esta cuestión en tu país? Escribe un pequeño texto.

9 Relaciona cada una de las reacciones con las intervenciones a las que responden.

INTERVENCIONES

1 Oye, que yo también friego los platos y pongo la mesa...
2 ¿Y fuisteis a celebrarlo?
3 ¿Estuvisteis mucho tiempo en casa de Teresa?
4 Pasaré por tu casa un día de estos a buscar aquellos libros que te dejé.
5 ¿Y vas a estar mucho tiempo sin hablarle?
6 ¿Le devolverás el dinero que le debes?
7 ¿Sigues yendo al gimnasio?
8 Oye, ¿me avisarás cuando salga la nota de química?

REACCIONES

a Cuando quieras.
b No, hasta que vinieron a buscarnos.
c Sí, en cuanto acabó el partido.
d Sí, cuando quieres.
e Sí, en cuanto pueda.
f No sé, hasta que cambie de actitud.
g Sí, tan pronto como salga, te aviso.
h Hombre, cuando puedo.

10 Lee las siguientes respuestas y marca con + las que manifiestan intención de realizar algo muy pronto y con – las que no.

1. ¿Puedes llevar estos paquetes a correos?
Sí, en cuanto termine esto. ☐
Sí, cuando tenga un momento. ☐
Sí, enseguida. ☐

2. ¿Cuándo vas a llamar a Pepe Ramírez?
Cuando pueda. ☐
Ahora mismito. ☐
Cuando haya acabado esto. ☐

3. ¿Escribimos el informe?
Sí, cuanto antes mejor. ☐
Sí, cuando acabemos esto. ☐
Tan pronto como acabemos esto. ☐

4. ¿Vas a comprar las entradas para el concierto?
Sí, cuando tenga un momento. ☐
Sí, en cuanto acabe de arreglar esto. ☐
Sí, cuando haya acabado de arreglar esto. ☐

11 Completa estas frases con las opciones del cuadro que las acompaña. En
cada bloque hay un tiempo verbal que no encaja. ¿Cuál? ¿Por qué?

Esperé allí hasta que _____.
Esperaré allí hasta que _____.
Normalmente le espero allí hasta que _____.

llegue	llegó
~~llegará~~	llega

No me moveré de aquí hasta que _____.
No me moví de aquí hasta que _____.
No me he movido de aquí hasta que _____.

me llama	me llame
me ha llamado	me llamó

No le he vuelto a hablar hasta que _____ perdón.
No le volveré a hablar hasta que _____ perdón.
No le volví a hablar hasta que _____ perdón.

me pide	me haya pedido
me ha pedido	me pidió

Estuve callada hasta que él _____ de hablar.
Estaré callada hasta que él _____ de hablar.
Normalmente estoy callada hasta que él _____ de hablar.

acaba	acabará
acabe	acabó

12 ¿Recuerdas los verbos irregulares en P. Indefinido? Te será útil revisarlos para
formar los irregulares del P. Imperfecto de Subjuntivo. Completa el cuadro.

VERBO	P. INDEFINIDO (3ª pers. Plural)	P. IMPERFECTO DE SUBJUNTIVO
decir	dijeron	dijeran
hacer		
dar		
querer		
venir		
poder		
saber		
poner		
caber		
haber		
tener		
estar		
andar		
ir		
traer		

Utiliza alguno de estos verbos en Imperfecto de Subjuntivo para
completar estas frases.

¿Qué harías si tu compañero de piso _____ toda la casa de color verde loro?

¿Qué harías si en el restaurante te _____ una botella de vino carísimo, invitación de un atractivo
desconocido?

¿Qué harías si el vecino al que odias te _____ que se ha enamorado de ti?

¿Qué harías si este mes no _____ pagar al banco la hipoteca del piso?

13 14 15 16
gente de aventura

13 Raquel quiere practicar submarinismo, que es un deporte de riesgo; por eso ha estado estudiando para pasar el examen que le permitirá obtener el certificado de submarinista. ¿Podrías completar las preguntas del examen?

Principales riesgos de la práctica del submarinismo:

- corrientes submarinas
- animales peligrosos
- mar agitada
- oscuridad
- rocas
- mareas

- dolores de oído al descender
- mareos en profundidad (narcosis)
- calambres
- frío
- fatiga
- desorientación
- ataque de pánico

- rotura o pérdida de las gafas de bucear
- accidente de descompresión al ascender
- falta de oxígeno en las botellas
- pérdida del cinturón de lastre

1. ¿Cómo reaccionarías si se te rompieran o perdieras las gafas?
_____

2. ¿Qué harías si notaras dolores en el oído al descender?
_____

3. _____

4. _____

5. _____

6. _____

7. _____

8. _____

¿Sabrías contestar alguna de las preguntas del examen?

 Escucha a Raquel hablando con sus compañeros a la salida del examen. Ellos tienen las respuestas.

14 Lee estas frases que reflejan diferentes usos de POR/PARA. Relaciona cada uso de la columna de la derecha con dos de estas frases.

1. Todo esto pasa por tu manía de decir siempre lo que piensas.
2. Mira este espejo antiguo, lo compré solo por 15 euros.
3. Esta crema es la mejor para acabar con el dolor de espalda.
4. Quiero que lo tengas preparado para el día de la reunión.
5. No quedan billetes para Zaragoza.
6. Esa calle está por la zona de Vallecas.
7. Me llevo estos libros, son para Carlos.
8. ¿Lo de la crisis del petróleo? Eso debió de ocurrir por los años 70.
9. Me apetece tomar el aire. Voy a dar una vuelta por la plaza Mayor.
10. Tienes que entrar en Sevilla por el puente de Triana.
11. Nos lo han asegurado. La casa estará terminada para el verano.

PARA	POR
finalidad	causa
límite en el tiempo	intercambio
destino	aproximación: lugar, tiempo
destinatario	tránsito

12. Dicen que el accidente se produjo por un exceso de velocidad.
13. Carlos está enfermo. ¿Puedes dar tu la clase por él?
14. Este mueble es para la casa que tenemos en el campo.
15. ¿Para la estación del Norte? Todo recto y la primera a la derecha.
16. Éste es el mejor libro para preparar ese examen.

Ahora, escribe cuatro frases que reflejen diferentes usos de POR y PARA. Léeselas a tu compañero que dirá a qué uso hacen referencia.

Así puedes aprender mejor

Uno de los rasgos que caracteriza la conversación coloquial es la alternancia de turnos no predeterminada. En español la toma y la cesión del turno se efectúan de forma muy dinámica y requieren una cierta agilidad y el desarrollo de estrategias de interacción. Observa en el siguiente texto en qué palabras se apoya el interlocutor para tomar el turno.

• A mí me gustaba Gran Hermano, puro...
○ ¿Por qué? ¿Por qué?
　　　└ • ¿Por qué? Por el morbo.
　　　└ ○ Un programa donde...
■ Bueno, pues...
○ Ni morbo... Un programa destructivo, barato...
　　　└ ■ Te estás contradiciendo. Si estás diciendo...
• No me estoy contradiciendo... Lo que yo defiendo es que Operación Triunfo es otro Gran Hermano..., otro tipo un poco más elegante, sí, tal vez sí, pero no es nada más...
○ ¡Ah!, amiga, un poco más elegante...
• Lo único que lo diferencia es...
■ Ah, no, no, no; no es un pelín...
　　　└ ○ Mucho más elegante...
• ¿Mucho más elegante?
○ Hombre...
• Han cogido un poquito de...
　　(...)
■ ...hazle caso a Pablo que él es músico y él sabe...
　　　└ • ¿Eres músico?
○ ¡Ah! ¿Sí?
• No sabía...
○ Y, ¿qué? Desde el punto de vista de un músico..., ¿qué?
❏ Hombre está bastante bien. (...)

La repetición de lo último que ha dicho el interlocutor puede ser un buen recurso para tomar el turno: ah, amiga, un poco más elegante..., o la intensificación: mucho más elegante... O el uso de algunos marcadores: bueno pues..., hombre...

En general, en una conversación de tono informal y relajado, los hablantes esperan un juego de alternancias de turnos. En general no se sentirán ofendidos por la toma de turno de otro participante, ya que además cuentan con estrategias para recuperar la intervención si les conviene.

¿Se da este mismo fenómeno en tu lengua? ¿De qué manera?

USOS DEL ARTÍCULO LO

Para hacer valoraciones, dar consejos o establecer prioridades.

Lo + *ADJETIVO*
Lo interesante

Lo + *SUPERLATIVO*
Lo mejor } ***es*** tener buenos amigos.

Lo + *que* + *VERBO*
Lo que me gusta

Atención:
El adjetivo siempre va en masculino singular.
Lo admirable/malo/extraño *es que no te guste la televisión.*

•••**o** Lo + superlativo + **(de).**

Lo más urgente *es reservar los billetes de avión.*
(=la cosa, el aspecto más urgente)
Lo menos *importante es dónde dormimos.*
(=la cosa, el aspecto menos importante)
Lo mejor del viaje fue el paisaje.
(=la cosa, el aspecto mejor)
Lo peor de *esa región es el clima. Hace un calor horrible.*
(=la cosa, el aspecto peor)

•••**o** Lo + adjetivo + **(de).**

Lo primero *es ir a recoger los niños a la escuela.*
Lo bonito de *esta historia es que termina bien.*
Lo difícil *es acertar a la primera.*

EXPRESAR DIFERENTES GRADOS DE CERTEZA

Con toda seguridad
Seguro que
Seguramente
Probablemente
Posiblemente } *INDICATIVO*
A lo mejor **estaré** en Madrid hasta el día 19.
Igual
Quizá(s)
Tal vez

Lo más probable es que
Quizá(s) } *SUBJUNTIVO*
Tal vez **esté** en Madrid hasta el día 19.
Puede que
No creo que
Posiblemente

• • • ◘ Para cosas que creemos que van a suceder pero que no deseamos que sucedan.

> *INDICATIVO*
> **Me temo que tendré que ir** a Madrid el día 19.

• • • ◘ **Igual,** muy frecuente en la lengua oral, permite presentar algo señalando que es poco probable, pero que es una posibilidad que se debe considerar.

> *¡Qué raro! Son las diez y no han llamado.* **Igual** *les ha pasado algo.*

• • • ◘ Para expresar hipótesis sobre el momento actual, usamos también el Futuro.

> A esta hora **está** en casa.
> (=lo sé, lo afirmo)
>
> ¿Dónde **está** Daniel?
> (=pienso que mi interlocutor tiene la información)

> A esta hora **estará** en casa.
> (=hago una hipótesis)
>
> ¿Dónde **estará** Daniel?
> (=presupongo que mi interlocutor no tiene información segura y le invito a hacer una hipótesis)

> Oye, ¿se habrán casado ya Fito y Gemma?
>
> Pues, seguramente, ¿no? Llevaban ya mucho tiempo viviendo juntos.

Cuando la hipótesis es sobre una acción ya cumplida (lo que correspondería a un Pretérito Perfecto), se usa el Futuro Imperfecto de Indicativo.

> **Habrá ido** a ver a sus padres.   (=probablemente ha ido a ver a sus padres)
> **¿Habrá perdido** el avión?   (=¿crees que ha perdido el avión?)

• • • ◘ En muchas ocasiones se combinan varios de estos recursos.

> ● **Seguramente habrá ido** a ver a sus padres.   ○ Sí, **probablemente.**

IMPERFECTO DE SUBJUNTIVO

• • • ◘ Existen dos formas para el Imperfecto de Subjuntivo. Ambas se forman a partir del Pretérito Indefinido de Indicativo.

3ª PERSONA DEL PLURAL DEL INDEFINIDO, SIN **-RON** +	*TERMINACIONES*	
	-ra	-se
hicie~~ron~~	-ras	-ses
	-ra	-se
estuvie~~ron~~	-ramos	-semos
	-rais	-seis
tuvie~~ron~~	-ran	-sen

ESTAR		SER/IR	
estuviera	estuviese	fuera	fuese
estuvieras	estuvieses	fueras	fueses
estuviera	estuviese	fuera	fuese
estuviéramos	estuviésemos	fuéramos	fuésemos
estuvierais	estuvieseis	fuerais	fueseis
estuvieran	estuviesen	fueran	fuesen

•••O Indefinidos irregulares de uso muy frecuente a partir de los cuales se forma este tiempo.

dijeron	⟶	**dijera/dijese**
pidieron	⟶	**pidiera/pidiese**
quisieron	⟶	**quisiera/quisiese**
hicieron	⟶	**hiciera/hiciese**
vinieron	⟶	**viniera/viniese**
pudieron	⟶	**pudiera/pudiese**
supieron	⟶	**supiera/supiese**
tuvieron	⟶	**tuviera/tuviese**

Atención:

Las dos formas (en **–ra** y en **-se**) se usan indistintamente. Existen algunas excepciones; por ejemplo, no se usa la forma en **-se** de **querer** cuando este tiempo sirve para peticiones de cortesía o para expresar deseo.

Quisiera
~~Quisiese~~   unos calcetines de caballero negros.

¡Quién **pudiera** / ~~pudiese~~   estar ahora tomando el sol en el Caribe!

CONSTRUCCIONES CONDICIONALES (I)

INDICATIVO   *INDICATIVO*
Iremos en barco   **si** el precio **es** razonable. (=creo que puede ser razonable)

CONDICIONAL   *SUBJUNTIVO*
Iríamos en barco   **si** el precio **fuera** razonable. (=creo que no será razonable)
(=no es razonable y no iremos en barco)

Atención:

La partícula condicional **si** nunca se combina ni con Futuro ni con Condicional.

~~Si será…~~   ~~Si habrá sido…~~   ~~Si sería…~~   ~~Si habría sido…~~

•••O Existen numerosas partículas y construcciones condicionales. Todas (excepto **si**) se construyen con Subjuntivo.

			PRESENTE DE SUBJUNTIVO
Iremos	en barco	**siempre y cuando** el precio	**sea** razonable.
Vamos a ir		**en el caso de que**	**haya** billetes.
		a no ser que	**haya** huelga.

Vamos a ir en barco ~~si haya~~ billetes.

Si queremos presentar la condicional como imposible o poco probable:

		IMPERFECTO DE SUBJUNTIVO
CONDICIONAL	**siempre y cuando** el precio	**fuera** razonable.
Iríamos en barco	**en el caso de que**	**hubiera** billetes.
	a no ser que	**hubiera** huelga.

DEPENDE DE..., SEGÚN...

● ¿Adónde vais de vacaciones?

SUSTANTIVO

○ **Según/Depende de** el tiempo/el trabajo/...
                    Pamela/las niñas/...

■ Pues yo todavía no lo sé,

PRESENTE DE SUBJUNTIVO

depende del/según
el tiempo que **haga**.
los días que **tenga** libres.
lo que **diga** Pamela.

depende de
cuándo me las **den**.
cómo **vaya** la operación de mi hija.
dónde **vayan** mis amigos.

CIRCUNSTANCIAS EVENTUALES

Llevaremos la tienda de campaña
{
PRESENTE DE INDICATIVO
por si acaso.
por si no encontramos hotel.

PRESENTE DE SUBJUNTIVO
no vaya a ser que los hoteles **estén** completos.
no sea que no **encontremos** habitación.
}

Yo me llevaré las botas
de montaña por si hace frío.
¡Ah!, y tú lleva las esterillas,
no vaya a ser que nos toque
dormir en el suelo.

LA FINALIDAD (I): **PARA/PARA QUE**

El segundo sujeto es el mismo. -------------------------------→ *INFINITIVO*

Iremos en el 4x4 **para** poder **pasar** por todo tipo de caminos.
(nosotros)   =   (nosotros)

El segundo sujeto **no** es el mismo o **no** está claro por contexto. -------→ *SUBJUNTIVO*

Enciende los faros **para que** te **vean**.
(tú)   ≠   (los demás)

EXPRESAR RESIGNACIÓN

Si no hay más remedio,
Me temo que
No veo otra salida,
¡Qué le vamos a hacer!
} nos quedaremos aquí.

Habrá que
No habrá más remedio que
Tendremos que
} cambiar la ruta.

RELACIONES TEMPORALES EN EL FUTURO

ACCIONES SUCESIVAS

Cuando termine de trabajar,
Cuando haya sacado la tarjeta de embarque, } te llamaré
Cuando llegue a casa,

SUCESIÓN INMEDIATA

En cuanto
Tan pronto como llegue, te llamaré.

Cuando llegues, verás el puente nuevo.

LÍMITE EN EL TIEMPO

	hasta las diez/enero/el día 12/...
Estaremos allí	**hasta cansarnos.**
(nosotros)	= (nosotros) (el sujeto es el mismo)

Estaremos allí	**hasta que vengan** Laura y Fede.
(nosotros)	≠ (ellos) (sujetos diferentes)

GEOGRAFÍA Y CLIMA

•••● Geografía.

	desértica
	montañosa
Es una zona	pantanosa
	selvática
	...

	una llanura
	una meseta
	una depresión
	una península
Es	un golfo
	una bahía
	un delta
	una cordillera
	una sierra
	...

	montañas.
Está rodeada/o de	valles.
	bosques.
	...

•••○ Clima.

El clima es
- lluvioso
- seco
- tropical
- frío
- caluroso
- templado
- ...

Los próximos días las temperaturas suben al menos 8°. Señores, sin duda, este será un verano muy caluroso. Buenas noches.

Los { inviernos / veranos } son {
- fríos
- calurosos
- suaves
- templados
}

La temperatura
- sube
- baja
- llega hasta xxx grados sobre/bajo cero.

Hay (muchos/as)
- tormentas
- vendavales
- tornados
- inundaciones
- heladas
- sequías
- lluvias torrenciales
- ...

VERBOS CON PREPOSICIÓN (I)

Muchos verbos en español exigen una preposición. Con algunos, pueden alternar diferentes preposiciones y el uso de una u otra preposición implica significados diferentes.
Como existen muchos verbos en español con estas características, conviene aprenderlos de memoria.

APLICARSE EN	Por las noches, **me aplico en** la cara una crema antiarrugas.
ASCENDER A	Alberto **ha ascendido a**l Everest en dos ocasiones.
CUBRIR CON/DE	Para no quemarte, debes **cubrirte** la cara **con** crema protectora.
	Los manifestantes **cubrieron de** pancartas la ciudad.
DISPONER DE	No **dispongo de** tarjeta de crédito.
ENCONTRARSE CON	Puedes **encontrarte con** muchas dificultades por la lluvia.
ENFRENTARSE A	En el viaje a Brasil **nos enfrentamos a** muchas dificultades.
EXPONER(SE) A	Las plantas interiores no las **expongas** nunca **al** sol.
LLEGAR A	Cada verano **llegan a** nuestra ciudad turistas de todos los países.
IR A	Esta tarde **iré a**l cine, aunque esté lloviendo.
PROTEGERSE DE	Recuerda que debes **protegerte de**l sol también cuando vayas a esquiar.
TARDAR EN	Los niños **tardan** demasiado **en** salir, ¿no crees?
TRASLADARSE A	Creo que **nos trasladaremos a** las islas en barco.
VOLVER A	No **volveremos a** Bilbao hasta el próximo verano.

gente con derechos

HUMANOS
ASESINOS
NO OS QUEREMOS
POR VECINOS

EL PLANETA
ES DE
TODOS

RECAPACITAD HUMAN
TODOS SOMO
HERMANOS

Aquí encontrarás:

EJERCICIOS

1 Recursos para argumentar.

2 Hacer propuestas y sugerencias.

3 Aceptar con condiciones.

4 Marcadores temporales de inicio.

5 Léxico. Establecer normas, derechos y obligaciones.

6 Pronombre neutro **lo** en función de atributo. Matizar y argumentar una opinión.

7 Recursos para argumentar: enumeraciones y adiciones.

8 Establecer normas, derechos y obligaciones. Marcadores temporales de inicio.

9 Adivinanzas sobre animales.

10 Onomatopeyas.

ASÍ PUEDES APRENDER MEJOR

CONSULTORIO LINGÜÍSTICO

1 Un representante de la industria farmacéutica y un miembro de una asociación ecologista participan en un debate sobre los experimentos con animales en la investigación médica. Escucha y anota los argumentos que defiende cada uno de ellos.

Representante de la industria farmacéutica	Miembro de una asociación ecologista
1. La experimentación con animales tiene una finalidad moral, que es prevenir enfermedades del hombre.	1.
2.	2.
3.	3.
4.	4.
...	...

¿Con cuál de estas dos posturas estás de acuerdo? Usando algunos de los siguientes recursos, crea frases que expongan los argumentos que te parezcan más convincentes y añade algunos nuevos si lo consideras necesario.

1. _____ podrá ser muy _____, pero más lo es _____.
2. _____ tal vez no tenga _____, pero sí tiene _____.
   Y además _____.
3. No sólo es que _____, sino que además _____.
4. Si bien es indiscutible que _____, también es cierto que _____.
5. En un primer momento puede parecer que _____. Ahora bien, si lo miramos con más calma, _____.
6. Es verdad que no es lo mismo _____ que _____, pero tampoco es lo mismo _____ que _____. Así que, ¿ _____?
7. Está claro que _____, pero _____.
8. Aunque pueda parecer que _____, en realidad _____.
9. Es absolutamente necesario que _____, a no ser que _____.
   ...

¿Todos pensáis del mismo modo en clase? Busca a otros compañeros que piensen como tú y luego, en pequeños grupos, contrastad vuestras opiniones con las de otros compañeros que piensen de forma diferente.

2 ¿Sabes qué son las rebajas? La revista AECON ha elaborado un informe sobre las irregularidades que cometen algunos comercios durante este periodo. Escoge las cinco que consideres más graves.

LAS RE**B**AJAS,
¿rebajan nuestros derechos?

AECON
ASOCIACIÓN EUROPEA
DE CONSUMIDORES

- El 55% de los establecimientos que anuncian rebajas no expone de forma visible la fecha de inicio y la de fin de éstas.
- Algunos comercios se niegan a admitir devoluciones de artículos defectuosos o con desperfectos comprados durante las rebajas.
- En un 34% de establecimientos los artículos rebajados no están separados de los que no lo están.
- El 30% de los establecimientos no admite devoluciones de los artículos adquiridos durante este período. Dentro de los que sí las admiten, un 82% lo hace por otro artículo o por un vale, y solo el 8% devolviendo el importe en metálico.
- En el 92% de los establecimientos no existe un cartel que anuncie si se admiten o no devoluciones.
- El 3% de los artículos rebajados son defectuosos.
- En el 13% de las etiquetas no aparece el precio original junto al rebajado.
- En un 23% de comercios no se admite el pago con tarjeta de crédito en período de rebajas.
- En el 32% de los establecimientos, los artículos del escaparate no indican los precios.

Ahora, imagina que eres el delegado de una asociación de consumidores y que te entrevistan en televisión, ¿qué argumentos puedes formular para denunciar, hacer propuestas o sugerir soluciones?

● Las autoridades deberían exigir que los comercios aceptasen la compra con tarjeta de crédito durante todo el año.

TRATA DE UTILIZAR

Las tiendas están obligadas a + Infinitivo
Las autoridades deberían + Infinitivo
Debería estar prohibido + Infinitivo
                                que + Subjuntivo
Habría que + Infinitivo
Deberían/tendrían que + Infinitivo
Sería conveniente que + Imperfecto de Subjuntivo
Es ilegal que + Subjuntivo

3 En el inmueble donde vives se van a realizar unas reformas muy necesarias que os causarán, a ti y a tus vecinos, bastantes molestias. La Comunidad de vecinos hizo una reunión para establecer las condiciones en las que se deberían realizar las obras. Tú, como secretario, tomaste unas notas; así que debes redactar el acta de la reunión y establecer las condiciones.

TRATA DE UTILIZAR

siempre que + Subjuntivo
siempre y cuando + Subjuntivo
con tal de que + Subjuntivo
si me prometen que + Futuro
si se comprometen a + Infinitivo
si se garantiza que + Subjuntivo

Acta de la reunión sobre las próximas reformas del inmueble situado en c/ Europa, 113, 28010, Madrid.

- La Comunidad de vecinos acepta que haya cortes de agua durante 72 horas, siempre y cuando éstos se realicen a partir de las 10h.

1. Las obras se realizarán durante los meses de noviembre y diciembre
   → Horario: 8-13hs
   15-19h
   Excepto sábados → 9-15h

2. 72 horas sin agua → A partir de las 10h

3. 3 días sin calefacción → Avisar con antelación

4. Cambiar tuberías de gas → 1° los vecinos del (15 horas de trabajo) 1°, 2° y 3°
   Después, los del 4° y 5°

5. Realizar mejoras en la instalación eléctrica (6 horas) → Realizar a media mañana

6. 4 días con cortes en el suministro eléctrico (10 horas diarias) → Después de las 10'30h

7. 2 días sin ascensor → Viernes y sábado

8. Los sacos de cemento permanecer en el portal → En la parte trasera, al lado de los ascensores

4 Aquí tienes cuatro frases con recursos para expresar inicio. ¿En qué contextos crees que se han dicho estas frases?

- Queda claro, ¿verdad? **De ahora en adelante**, aquí se viene con corbata.
- Puede venir a recoger las fotos **a partir del miércoles**.
- **A partir de este año** todas las familias con hijos menores de 5 años percibirán una ayuda de 1000 euros anuales por hijo.
- **A partir del próximo 1 de enero**, la tarifa plana de Internet, más barata todavía.

¿Qué cosas crees que dirían estas personas para hablar del futuro? Puedes usar los recursos de las frases anteriores.

una persona recién jubilada a un amigo	el hombre del tiempo	una pareja que acaba de tener un hijo	alguien que ha decidido hacer régimen	tú

5 La organización Amnistía Internacional denuncia todos los años las violaciones de los derechos humanos que se producen en el mundo. ¿Sabes cómo se formulan estos derechos en español? Intenta relacionarlos con los casos que denuncia A. I.

Declaración de Derechos Humanos de Naciones Unidas

A. **Toda persona tiene derecho a** la vida, a la libertad y a la seguridad de su persona.
B. **Nadie podrá** ser arbitrariamente detenido, preso ni desterrado.
C. **Todo individuo tiene derecho a** la libertad de opinión y de expresión.
D. **Todos los seres humanos** nacen libres e iguales (...) sin distinción alguna de raza, color, sexo, idioma, religión u opinión (...) y son iguales ante la ley.

Datos obtenidos del Informe 2001 de Aministía Internacional

1. En varios países se reprimió la libertad de expresión en el periodo previo a la elección de un nuevo presidente.
2. Más de 3000 personas fueron condenadas a muerte en 65 países.
3. Hubo casos de detenciones sin juicio en 72 países.
4. En varios países hubo una gran discriminación de ciertas minorías étnicas.

Las siguientes informaciones se refieren a la violación de otros tantos derechos de las personas. ¿Puedes formular esos derechos? Las expresiones que tienes a continuación te pueden ser útiles.

libertad de expresión/de conciencia/de cátedra/religiosa/ideológica
derecho de asociación/a la educación/al trabajo/a la integridad física
igualdad de derechos/oportunidades
(sin) discriminación por razón de sexo/raza/religión

1. Según los informes, la policía torturó o causó malos tratos a personas en 125 países.

   Nadie será sometido a torturas ni a penas o tratos crueles, inhumanos o degradantes.

2. En algunos países, las mujeres no pudieron acceder a la universidad ni trabajar.

   _____

3. En ciertos países, la represión contra grupos religiosos y contra movimientos espirituales no permitidos fue imparable y sus seguidores, detenidos.

   _____

4. En un país, la erupción de un volcán dejó a más de 500 000 personas sin techo. Dos años después, siguen sin tener una vivienda.

   _____

5. A personas que habían escapado de su país por defender ideas políticas diferentes de las del régimen establecido, se les negó asilo político al llegar a otro país.

   _____

¿Tienes acceso a Internet? Puedes mirar cómo están escritos los artículos de la Declaración Universal de Derechos Humanos en http://www.un.org/spanish/aboutun/hrights.htm

6 **¿Estás de acuerdo con estas opiniones? Responde a estas afirmaciones escogiendo una de las alternativas, según tu opinión, y subráyala. Luego, añade una justificacion sin utilizar** porque.

1 • A mí, los anuncios de la tele me parecen cada vez más ingeniosos.
  ○ Es que lo son/Pues a mí no me lo parecen.
  ■ A mí, lo que me parece es que cada vez son más agresivos.

2 • Con la globalización, las libertades del individuo están en peligro.
  ○ Sí, sí que lo están/No, no hay peligro, no lo están.

3 • La clonación de seres humanos es un gran avance para la ciencia.
  ○ Sí lo es/No, no lo es.

4 • Los no fumadores están siendo muy intransigentes con la gente que fuma.
  ○ Bueno, lo están siendo en algunos países/Pues yo creo que no lo están siendo tanto.

5 • Los políticos, en general, me parecen gente honrada.
  ○ A mí también me lo parecen/Pues, para mí, no lo son (nada).

Fíjate en el uso del pronombre neutro lo **que aparece en las frases anteriores. Subraya en cada una el fragmento sustituido por** lo. **¿Qué elementos lo integran?**
¿Qué piensas tú de las siguientes afirmaciones?

1 • Las ondas de los teléfonos móviles son perjudiciales para la salud.
  ○ A mí me parece que no lo son.

2 • El cine europeo me parece más interesante que el de Hollywood.
  ○

3 • Las mujeres hoy en día están más preparadas que los hombres.
  ○

4 • Las cantidades de dinero que ganan los futbolistas me parecen desorbitadas e injustas.
  ○

5 • ¿Es Internet un vehículo de acceso a la información al alcance de todos?
  ○

6 • Los niños son cada día más agresivos y maleducados.
  ○

7 **¿Qué argumento añadirías a las frases de la izquierda? Intenta encontrarlo en la parte derecha.**

• No sé qué le pasa, que últimamente no come carne, ni verduras...
• Mira, no tengo tiempo ni ganas para escuchar tonterías.
• Pues es una persona muy atenta y educada.
• Es una mujer de mundo. Ha vivido en Canadá, en Brasil y en Hungría.
• No quiero verte más aquí: ni trabajas, ni estudias, ni nada.
• Es un coche potente, resistente y rápido.
• Le he dejado dinero, le he hecho no sé cuántos favores.

1 E incluso creo que estuvo un tiempo en Sudán.

2 Y encima, en casa no das golpe.

3 Incluso nos ha invitado a unos cafés hoy.

4 ¡Ni siquiera toma unas vitaminas o algo!

5 Y también económico para su clase.

6 Así que dime qué quieres, que estoy muerta de cansancio.

7 ¡Y ni siquiera lo conozco!

CLUB DE FUMADORES REBELDES

1 A partir de ahora, se podrá fumar en cines, en hospitales y en colegios. En los aviones, se regalará a todos los pasajeros un paquete de cigarrillos junto con el periódico.

2 Todo el mundo tendrá la obligación de respirar humo de tabaco una vez al día, por lo menos.

3 (Tirar colillas al suelo.)

4 (Fumar mientras otros comen.)

5 (Lugares para comprar tabaco.)

6

7

8

8 A veces, para defender nuestros derechos, tenemos que exagerar la situación que queremos mejorar. El Club de Fumadores Rebeldes y la Liga Antitabaco Radical están redactando, cada uno, un panfleto de conducta, para sensibilizar a los contrarios sobre su situación. ¿Con qué postura te sientes más identificado? ¿Puedes ayudar "a los tuyos" a terminar de escribir su panfleto?

LIGA ANTITABACO RADICAL

1 A partir del próximo año, queda prohibido fumar en el domicilio particular, incluso si la persona vive sola.

2 Nadie podrá vender tabaco. Las personas que lo vendan serán condenadas a tres meses de ejercicio físico en el campo.

3 (Cárceles para fumadores.)

4 (Utilizar encendedores y cerillas.)

5 (Cultivar tabaco.)

6

7

8

9 ¿Sabes alguna adivinanza en español? A continuación tienes algunas. ¿A qué animales se refieren?

Me llaman Leo, mi apellido Pardo; quien no lo adivine es un poco tardo.

Tengo alas y pico y hablo y hablo sin saber lo que digo.

Se ha subido por los plátanos, baja los cocos que ves, tiene los pies como manos y las manos como pies.

Vivo en el mar sin ser pez y soy siempre juguetón; nunca me baño en el Rhin, pues soy el mismo del fin.

Mi casa la llevo a cuestas, tras de mí dejo un sendero, soy lento de movimientos, y no le gusto al jardinero.

Del trabajo soy amiga, y por él adquirí fama; mi nombre, sin que lo diga, es la palabra que falta en "la cigarra y la ...".

Salta y salta por los montes, usa las patas de atrás; su nombre ya queda escrito, fíjate y lo verás.

En parejas, pensad en un animal. ¿Os atrevéis a escribir una adivinanza sobre él? Luego, en clase, podéis jugar a ver quién las adivina antes.

10 Algunos animales emiten sonidos para comunicarse entre ellos. En español, decimos que hacen estos sonidos. ¿Qué animales crees que son?

SONIDOS	ANIMAL
¡guau-guau!	un
miau-miau	un
muuuuuuuuuu	una
pío-pío-pío	un
beeeeee, beeeeeee	una
¡kikirikí!, ¡kikirikí!	un
cua-cua, cua-cua	un
¡hiho! ¡hiho! ¡hiho!	un
croac-croac	una

¿Qué sonidos hacen en tu idioma o en algún otro que conoces? Coméntalo con tus compañeros.

Así puedes aprender mejor

Fíjate en estos diálogos. ¿Puedes interpretar lo que se dice en los fragmentos subrayados? ¿Qué te imaginas que significan? ¿En qué te apoyas? ¿Con el significado literal de las palabras tienes suficiente información para entenderlo?

- Quería llevarte al museo de arte contemporáneo, pero mejor te llevo al cine, ¿no?
- ¿Y a ti <u>quién te ha dicho que</u> no me gusta el arte?

- ¿<u>A que no sabes</u> a quién he visto hoy?
- ¿A quién?

- ¡Me encanta la cocina china!
- ¿<u>Desde cuándo</u>?

En una conversación no podemos analizar las palabras de nuestro interlocutor de manera independiente. En muchas ocasiones, utilizamos expresiones que no significan lo que podríamos interpretar si hiciéramos una lectura de cada una de sus palabras por separado. En todas las lenguas existen frases y expresiones que no se pueden interpretar literalmente, palabra por palabra; así que debemos fijarnos además en el contexto. Es decir, hay que tener en cuenta la situación en la que se produce esa conversación, las personas que intervienen en ella y, sobre todo, la intención del hablante.

Seguro que en tu lengua tú también utilizas algunas frases o expresiones que quieren decir otra cosa de lo que significan si las analizas palabra a palabra.

ARGUMENTAR

Para argumentar solemos recurrir a razonamientos en los que se establece una relación entre una serie de frases. Los mecanismos para señalar esta relación son muy diversos. Pero suelen respetar un esquema general.

●●●◉ Presentación de un dato, una opinión o un punto de vista que se considera como aceptado + Consecuencia que el hablante extrae de ese dato.

> La naturaleza es la **lucha** por la superivivencia
> y **toda lucha** comporta sufrimiento.

●●●◉ Este esquema de frases coordinadas puede sustituirse por otros, por ejemplo, condicionales.

> Si   +   PREGUNTA
>
> Si no se respetan los derechos de la mujer,   ¿**cómo** podemos hablar de democracia?
> ¿**de qué** tipo de democracia estamos hablando?

●●●◉ Y puede hacerse progresivamente más complejo. Por ejemplo, podemos introducir la primera parte matizando nuestra postura ante lo afirmado.

Presentando esa primera parte como algo sobre lo que no nos pronunciamos.
> Los derechos de los pequeños empresarios **serán** importantes...

y completando el razonamiento con una afirmación o una negación que nosotros sostenemos.
> **pero más/también lo son** los de los consumidores.

Manifestando expresamente nuestro acuerdo.
> **Es verdad que** actualmente se curan muchos tipos de cáncer, **pero también es cierto** que hay que reforzar las campañas de prevención.

●●●◉ Podemos recurrir a las enumeraciones y adiciones.

> **Es verdad que** somos el país con mayor índice de paro **y también** que las mujeres ocupan los primeros puestos en estas listas **y** que **además** existen muchos contratos precarios...

●●●◉ Podemos recurrir a contraposiciones.

> Es cierto que la publicidad está aportando mucho a la creación audiovisual. **Ahora bien/Pero/Sin embargo** debemos recordar que no es el único medio que lo está haciendo.

> Los niños **quizá no** puedan formular sus opiniones sobre la escuela, **pero sí** saben valorar la preparación pedagógica del profesorado.

> **Aunque puede parecer** una ley impopular, **en realidad** se ha comprobado que la mayoría de los ciudadanos está de acuerdo.

•••◗ Podemos dejar implícita una conclusión, o bien hacerla explícita.

> La naturaleza es la lucha por la superivivencia. Y toda lucha comporta sufrimiento. **(Entonces es imposible evitar el sufrimiento de los animales)**

•••◗ O bien podemos sustituir la conclusión por una pregunta acerca de ella.

> No se respetan los derechos de la mujer.
> **Entonces** + *PREGUNTA*
> **Entonces, ¿cómo** podemos hablar de democracia?
> **¿de qué** tipo de democracia estamos hablando?

ENUMERACIONES, ADICIONES

No me gustan las medidas que se proponen, **ni** creo que sea verdad que nos vayan a dar más subvenciones, **(ni tampoco** que vayan a construir más guarderías,) **y ni siquiera** me creo que sea verdad que apoyan a ciertos movimientos sociales.

Prometen en su campaña que crearán nuevos puestos de trabajo, **y** que favorecerán el empleo fijo, **(y también** que darán subvenciones para aquellas empresas que contraten a jóvenes menores de 25 años,) **e incluso** que darán ayudas para las madres solteras.

Y además, los partidos vinculados a los movimientos sociales cada vez son más.

Y encima, nos dicen que debemos ir a votar en las próximas elecciones.

> Pues sí, no me gustan los grupos de rock, ni los de funk, ni siquiera me gusta la música pop.

> ¡No me lo puedo creer!

HACER PROPUESTAS Y SUGERENCIAS

•••◗ Con un sujeto personal.

> *CONDICIONAL DE* **DEBER**   + *INFINITIVO*
> **Deberías/Deberíamos/...**   **empezar** a tratar este tema más en serio.

> *CONDICIONAL DE* **TENER**   + **que** + *INFINITIVO*
> **Tendrías/Tendríais/...**   **que visitar** a Ana en el hospital.

> *PRESENTE DE INDICATIVO*   ⎰ + **que** + *SUBJUNTIVO*
> **Proponemos**   **que se revise** la situación de los jubilados.
> **Aconsejamos**
> **Defendemos**   ⎱ + *INFINITIVO*
> **...**   **revisar** la situación de los jubilados.

•••◗ De forma impersonal.

> **Habría que**
> **Se tendría que**   cambiar esa ley. No es justa.
> **Se debería**

> *PRESENTE DE* **SER** + *ADJETIVO* + **que** + *PRESENTE DE SUBJUNTIVO*
> **Es conveniente/aconsejable/deseable que se modifiquen** las leyes de menores.

> *CONDICIONAL DE* **SER** + *ADJETIVO* + **que** + *IMPERFECTO DE SUBJUNTIVO*
> **Sería conveniente/aconsejable/deseable que se modificaran** las normas relativas a la publicidad en televisión.

SUBORDINADAS SUSTANTIVAS (I): INDICATIVO/SUBJUNTIVO

···o Con aquellas expresiones que sirven para afirmar la veracidad de un hecho, el verbo de la frase subordinada va en Indicativo.

Es cierto
Es verdad
Es evidente
Es indudable
Es incuestionable   **que** + *INDICATIVO*
Es evidente   **que existe** una solución a ese problema.
Está demostrado
Está probado
Está claro
No hay (ninguna) duda de

···o Con las expresiones que sirven para cuestionar o para negar la veracidad de algo, el verbo de la frase subordinada va en Subjuntivo.

No es cierto
No es verdad
No es evidente   **que** + *SUBJUNTIVO*
No está demostrado   **que exista** una solución a ese problema.
No está probado
No está claro

También pertenecen a este grupo expresiones con valor negativo.

Es falso   **que vayan** a bajar los impuestos.
Es mentira

···o Igualmente, cuando la oración principal es un juicio de valor sobre la acción de la subordinada, esta última va en Subjuntivo.

VALORACIÓN   *PRESENTE DE SUBJUNTIVO*
Es ridículo/fantástico/una vergüenza/...
Considero totalmente injusto/inadecuado/negativo/...   **que cambien** esa ley.
Me parece positivo/una tontería/muy interesante/...
Encuentro genial/absurdo/bastante peligroso/...

Si el verbo de la principal está en Condicional, el verbo subordinado estará en Imperfecto de Subjuntivo.

Sería conveniente/aconsejable/preferible/...   **que cambiaran** las leyes.

···o Cuando en la oración principal se manifiesta una voluntad de transformar, de incidir de algún modo en la acción subordinada, ésta va en Subjuntivo.

Yo **propongo**
Nosotros **defendemos**
La oposición **quiere**   **que** se **cambie** la Constitución.
Están a favor de
Nosotros **estamos en contra de**

CONSTRUCCIONES CONDICIONALES (II)

		PRESENTE DE SUBJUNTIVO
De acuerdo, firmaremos el contrato	**siempre que** **siempre y cuando** **con tal de que**	nos **garanticen** el pago.
Nos opondremos al proyecto	**a no ser que**	**se contemplen** nuestras peticiones.

•••◐ **Siempre que** y **siempre y cuando** presentan la condición como necesaria o imprescindible.

> De acuerdo, firmaremos el contrato **siempre y cuando** nos **garanticen** el pago.
> (=solo si nos garantizan el pago)

•••◐ **Con tal de que** presenta la condición como condición suficiente.

> De acuerdo, firmaremos el contrato **con tal de que** nos **garanticen** el pago.
> (=basta con que garanticen el pago)

•••◐ **A no ser que** presenta la condición en negativo; es decir, que NO se debe dar la condición para que la acción ocurra.

> No firmaremos el contrato **a no ser que** nos **garanticen** el pago.
> (=como no garanticen el pago, no firmaremos)

A no ser que entreguéis el trabajo que os pedí, no os podréis examinar.

¡Pero, profe!

DERECHOS, OBLIGACIONES Y PROHIBICIONES

		+ *INFINITIVO*
Todo individuo Toda persona	**tiene derecho a** **podrá**	**vivir** en libertad.
	tendrá que **deberá** **tiene la obligación de** **está obligado a** **ha de**	**respetar** la naturaleza.

	+ *INFINITIVO*
Nadie tiene derecho a	**maltratar** a los demás.

En ningún caso se podrá **Queda prohibido** **Está prohibido**	**usar** teléfonos móviles.

•••◐ **Haber de** + Infinitivo equivale a **tener que** + Infinitivo, aunque su uso en la lengua oral es menos frecuente.

> Los políticos **han de cumplir** sus promesas electorales.

OPINAR Y DEBATIR

•••○ Muchas veces queremos suavizar nuestra opinión respecto a un tema. Son frecuentes recursos como:

> Lo que yo **digo/pienso** es que
> A mí, lo que me parece es que } las ventajas de las nuevas tecnologías son
> Yo diría que   escasas.

•••○ Recursos para concluir después de una argumentación.

> (Bueno,) así lo veo yo.
> (Bueno, al menos) eso es lo que yo pienso.

•••○ Recursos para expresar acuerdo.

> Yo lo veo como tú/ustedes/Iván/...
> Yo soy de la misma opinión que tú/ustedes/Iván/...
> Es verdad, tienes razón.

•••○ Recursos para expresar desacuerdo.

> Yo no lo veo (en absoluto) así/igual que tú/él/...

> Yo no estoy (nada) de acuerdo   contigo/con ustedes/con el Ministro/con eso/...
> No estoy del todo de acuerdo

> Eso   } es absurdo/injusto/una tontería/
> Eso que ha dicho/tú dices/... ridículo/mentira/...

> Eso no es cierto/verdad/...

USO DEL PRONOMBRE NEUTRO **LO**

El pronombre **lo** carece de marca de género y de número, ya que es un pronombre neutro. Y se usa, entre otras cosas,

•••○ para referirse a un fragmento anterior del discurso.

> Que todos debemos ser iguales ante la ley, | no **lo** discute nadie.

•••○ como atributo de una frase con los verbos **ser**, **estar** o **parecer**. Se refiere a un adjetivo, a un nombre o a una expresión mencionada anteriormente.

> No es un trabajo **difícil**, ¿verdad?
> Sí, sí que **lo** es.

> Parece **una persona muy cerrada**, pero yo creo que no **lo** es.

> Yo creía que **Emilio y Ana estaban enfadados** conmigo pero no **lo** estaban.

OMISIÓN DEL NOMBRE

- **El/la/los/las + de**: los nombres precedidos de los artículos **el/la/los/las** pueden omitirse cuando han aparecido en el contexto para evitar su repetición.

> La educación de los niños y la ~~educación~~ de las niñas.
>
> La educación de los niños y **la de las** niñas.
>
> El sueldo de las mujeres y el ~~sueldo~~ de los hombres.
>
> El sueldo de las mujeres y **el de los** hombres.
>
> Me parece injusto que los sueldos de las mujeres sean inferiores a **los de los** hombres.

- **Uno/una/unos/unas + de/con/sin/...**

> Iba a comprarse un coche nuevo, pero al final se compró **uno de** segunda mano.
> En mi trabajo, teníamos una impresora muy antigua en blanco y negro; pero ahora nos han traído **una de** color.
> Me he comprado un bolso de flores, pero ahora quiero **uno con** estampados.
> Me gusta este tipo de camisa. Si encuentro **una sin** mangas, me la compro.

MARCADORES TEMPORALES DE INICIO

A partir
    del (próximo) verano/año/día 1 de enero/...
    de la (próxima) semana/primavera/...   entrará en vigor la nueva ley.
    de la semana/primavera que viene

A partir de ahora,
De ahora en adelante,   tú recogerás la basura y yo plancharé.

Desde este momento,
Desde este mismo instante,   no se puede circular en coche por la ciudad.

VERBOS CON PREPOSICIÓN (II)

COMPROMETERSE A   Debemos **comprometernos a** trabajar con esa empresa o perderemos un nuevo cliente.

ESTAR OBLIGADO A   No **estás obligada a** asistir a clase, pero te conviene.

INFORMAR DE   En la agencia de viajes le **informarán de** los vuelos que tiene a su disposición.

REDUCIRSE A   **Se ha reducido a** la mitad el número de estudiantes que solicita entrar en las universidades privadas.

TENER LA OBLIGACIÓN DE   Creo que **tienes la obligación de** pagar el alquiler puntualmente.

21-22-23-24 GENTE CON CORAZÓN

gente *con* corazón

Qué GENTE

Nº 2.236 - 11 de agosto de 2001

UN HOMBRE CON MUCHAS CARAS:
LO CUENTAN LAS QUE MÁS LE QUISIERON

Aquí encontrarás:

EJERCICIOS

1 Describir y valorar épocas o situaciones. Usos de los tiempos pasados.

2 Correlación de tiempos en subordinadas sustantivas con Subjuntivo.

3 Correlación de tiempos: Presente de Subjuntivo/ Imperfecto de Subjuntivo.

4 Subordinadas sustantivas con Subjuntivo. Descripción de actitudes y conductas.

5 Vocabulario: el carácter de las personas.

6 Relato: descripción de actitudes y conductas en el pasado.

7 Conectores discursivos: presentar información desde distintos puntos de vista.

8 Conectores discursivos: presentar información desde distintos puntos de vista.

9 Valorar negativamente actitudes o conductas de las personas.

10 Justificar conductas. Subordinadas sustantivas con Subjuntivo.

11 Justificar conductas. Subordinadas sustantivas con Subjuntivo.

12 Con lo + adjetivo.

13 Escritura de un texto poético.

ASÍ PUEDES APRENDER MEJOR

CONSULTORIO LINGÜÍSTICO

1 ¿Cómo fueron estas épocas o situaciones? Usa un elemento del apartado
1 y otro elemento de 2A o 2B para formular valoraciones.

1. Estuvimos tres meses en una isla del Pacífico. Solos los dos, con tiempo para todo, sin problemas de trabajo.
   Fueron unos meses inolvidables.

2. Estuve todo julio y agosto encerrado en casa terminando el proyecto de fin de carrera. Hacía un calor horrible y
   todos mis amigos se habían ido de vacaciones.

3. Hacia las dos de la madrugada vinieron los bomberos, tiraron la puerta del 3ºA, luego vino la policía y estuvieron
   interrogando a todos los vecinos hasta las 6h.

4. El autobús era incomodísimo, el viaje duró catorce horas, el hotel era ruidoso y sucio y, encima, la pesada de Luisa,
   que hablaba todo el tiempo.

5. Jerónimo estuvo desde las ocho hasta las cuatro de la mañana en la unidad de cuidados intensivos. Estaba muy mal
   y los médicos no nos daban ninguna esperanza.

6. Yo tenía dieciocho años. No tenía nada de dinero y estaba solo en la ciudad, sin amigos, sin familia. No encontraba
   trabajo y tenía que estudiar mucho.

7. Había muy buen ambiente entre los compañeros de clase, nos reíamos mucho y el profesor era muy bueno.

8. Desde el principio, nos llevábamos muy mal, siempre discutiendo, siempre enfadados hasta que nos separamos.
   Éramos incompatibles.

9. He estado toda la mañana corriendo de un lado a otro de la ciudad en metro, y, para colmo, no he resuelto nada.

10. El policía me ha dicho que le entregara mi pasaporte y que no podía tomar el avión. Sin más explicaciones. En tan
    solo unos minutos se ha aclarado todo pero... ¡Uf!

1			2A	Del/de la/de los/de las que tengo...
una noche	una semana			... muy buenos recuerdos
una noche	un viaje			... muy malos recuerdos
unos años	una época			

		2B			
una temporada	unas navidades			terrible	pesado
un verano	unas semanas	muy	difícil	intenso
tres años	unos días	nada	fácil	duro
un curso	unas horas	...	divertido	interesante
			fantástico	raro
			horroroso	

¿Lo hacemos al revés? Inventa situaciones o épocas que justifiquen estas valoraciones.

_____ Fue una época muy dura para toda la familia.

_____ Fueron las mejores vacaciones de mi vida.

_____ Ha sido un verano horroroso.

_____ Fueron unas navidades espantosas.

_____ No fue una época nada fácil.

_____ Fue una época muy aburrida.

_____ Han sido unas semanas inolvidables.

_____ No fue una noche muy divertida.

_____ Han sido unas horas pesadísimas.

_____ Ha sido un rato espantoso.

**Ahora, observa las frases anteriores y piensa: ¿Qué tiempos del pasado
hemos utilizado para describir acciones o acontecimientos? ¿Qué tiempos
hemos usado para valorar globalmente la etapa a la que nos referíamos?**

2 Lee los pares de frases de la izquierda. ¿Cuál de las dos corresponde al contexto o a la explicación de la columna de la derecha?

Julián no soporta que le lleven la contraria.

Julián no soportaba que le llevaran la contraria. •

Hablan de un antiguo jefe con el que ya no mantienen contacto.

Le encanta que le regales libros. ✗

Le ha encantado que le regalaras libros. •

Para su último cumpleaños, le has regalado libros, cosa no habitual.

Arturo odiaba que le mintieran. •

Arturo odia que le mientan.

Arturo murió.

A Elisa le gusta que le digas las cosas claras.

A Elisa le ha gustado que le dijeras las cosas claras. •

Acabas de hablar con Elisa, de forma muy sincera, de un tema desagradable.

No le interesa que la nombren jefa del departamento.

No le interesaba que la nombraran jefa del departamento.

Le ofrecieron un puesto en la Dirección y no lo aceptó.

En las frases de la columna izquierda hay construcciones con Subjuntivo que expresan actitud o sentimiento ante las acciones de otros. Trata ahora de formular una regla sobre las correspondencias entre los tiempos verbales.

Ahora, inventa tú cuatro frases del mismo tipo para referirte a situaciones pasadas o presentes (con los verbos principales en Presente, Pretérito Perfecto, Pretérito Indefinido y Pretérito Imperfecto). Piensa en personas de tu entorno familiar, profesional o académico.

Si el verbo principal está en Presente, el verbo de la frase subordinada…
Si…
Sí…

3 En una entrevista, Laura, una escritora ya anciana que acaba de publicar sus memorias, recuerda cómo eran sus abuelos, sus padres y sus hermanos. ¿De qué personas de las que habla podemos afirmar que todavía viven? ¿Cómo continuarías estos fragmentos?

Mamá tenía muy mal genio y le ponía muy nerviosa que los niños jugaran en el salón cuando había visitas.
Eva, la pequeña, era una persona un poco egoísta. Siempre quería que…
Anita, que era dos años menor que yo, era muy tímida y no soportaba que…
El abuelo era un hombre maravilloso. Siempre estaba alegre y no aceptaba que nadie…
Papá era una persona un poco especial. Le gustaba estar solo y no toleraba que…
A Pablo, el segundo, le fascina que…
A Vicente, el mayor, toda la vida le ha encantado que…
Raúl, el tercero, estaba muy unido a la familia y no soportaba que…
A la abuela le gustaba mucho que los niños… pero no nos permitía que…
A Marina siempre le ha sentado fatal que los otros hermanos…

le ha gustado — very south spanish not north or even lat. amer.

4 Isaac habla de su jefa actual y también se refiere a su antigua jefa. ¿Puedes distinguir de quién habla en cada caso?

	1	2	3	4	5	6	7	8
Isaac habla de su jefa actual								
Isaac habla de su ex jefa								

¿Crees que las dos personas de las que habla se parecen en algo? ¿En qué? Formúlalo.

5 Aquí tienes un fragmento de un correo en el que Elvira le cuenta a su hermana cómo está viviendo su reciente separación. ¿Cómo encajarías las expresiones de la lista en el texto?

Ser una persona	maravillosa.	Ser	un hombre	maravilloso/a.
	muy introvertida.		una mujer	especial.
	muy sociable.			
	muy independiente.			
Ser un/a	egoísta.	No ser una persona corriente.		
	un/a pelma.	Tener un corazón muy grande.		
	un/a insolidario/a.	Pensar sólo en sí mismo.		

Enviar

BIN HEX ✓ QP ✓ ✓ ✓ ✓

A: Gemma
De: Elvira
Tema: La historia continúa...
Cc:
Bcc:
Vínculos:

Tú sabes que me ha costado mucho tomar esta decisión. No ha sido fácil ni para mí ni para Roberto. Al principio yo creía que él
_____, que necesitaba tener su espacio y su independencia. Con el tiempo he llegado a descubrir que en el fondo,
simplemente, _____ y _____ y que los demás para él no cuentan. Solo le importa su propio
bienestar, su propia comodidad. O eso me parece a mí. Lo cierto es que hemos tenido problemas de comunicación. Él, además,
_____, le cuesta explicar sus sentimientos.
Total, que ha sido duro en muchos sentidos. Ya sabes que, con las separaciones, se rompen muchas cosas. Entre otras, la relación con una
serie de gente, con la familia, con amigos comunes... Yo, por ejemplo, ya sabes que me llevaba muy bien con mi cuñada Elena, que
_____. Pero, a fin de cuentas, es su hermana y es lógico que se ponga de su lado. Mi suegra también
_____. Como _____, creo que sabrá comprendernos y aceptar nuestra decisión, aunque le
duele. ¡Ojalá pueda mantener la relación con ellas!
Y luego está mamá: no te puedes imaginar la lata que me está dando. Ya sabes que _____. Me llama cada día para
decirme que me lo vuelva a pensar, que reflexione, que Roberto _____ y que no voy a encontrar a otro como él.
Sinceramente, se está pasando...
Respecto a Federico, mi actual compañero, he de decirte que _____, tiene un montón de amigos y se lleva bien con
todo el mundo. No sé cómo describírtelo: _____. Espero que pronto pueda presentártelo. Ya verás que
_____. Creo que te caerá muy bien. O eso espero. ¿Vas a poder venir a verme en verano?
Nada más por hoy, cariño. Te echa de menos,

tu hermanita.

79

6 Escucha a estas personas hablar de su primer gran amor y resume lo esencial respecto a cada tema.

	Era...	Siempre quería...	No soportaba...	Estuvimos juntos durante...	Fue una época...
Patricia					
Silvia					
Ignacio					
Arturo					

¿Y tú? ¿Recuerdas a tu primer amor? ¿Y a tu primer jefe? ¿Y a algún profesor que fue importante para ti? Escribe un párrafo sobre cada uno de ellos.

7 Trata de conectar entre sí las distintas frases de cada grupo utilizando las expresiones de la caja.

de todos modos
encima
desgraciadamente
(pero) hay que reconocer
(y) la verdad es que
afortunadamente
lógicamente
sinceramente
según parece
yo diría
por fin
para colmo
además

- Era una persona maravillosa, generosa, inteligente.
- Murió muy joven.

- El niño estaba enfermo, teníamos que ir a una boda, estábamos muy cansados de toda la semana.
- Se estropeó el coche.

- No se llevaban nada bien.
- Él era una persona muy egoísta.
- Ella se cansó y decidió divorciarse.

- Estuvieron unos años viviendo juntos en París, luego, cada uno por su lado.
- Después se casaron.
- Últimamente no les iba bien.
- Se han separado.

- Es un hombre muy interesante.
- También es un poco pedante.

- Maribel se quedó viuda muy joven con tres hijos.
- Conoció a Enrique, un hombre estupendo.

- Ya han tenido muchos problemas: lo del trabajo, lo de su padre...
- Ahora el propietario del piso dice que no les renueva el contrato.

Es un hombre muy interesante, pero la verdad es que también es un poco pedante.

- No dice la verdad.
- Mucha gente dice que tiene negocios sucios.
- Algún día se va a descubrir.

- Ya sé que Lázaro a ti te cae bien.
- A mí no me gusta.

8 Patricia, Ainhoa y Fernando, tres amigos, crearon una pequeña agencia de diseño gráfico. A los pocos años se separaron. Lee cómo se lo cuenta Ainhoa a una amiga y decide qué expresiones serían más adecuadas en cada hueco, de entre las de la columna. Compara tus soluciones (hay varias posibles) con las de un compañero y, si no coincidís, interpretad los cambios de significado que comporta usar una u otra expresión.

cómo es que	por desgracia	y encima	para colmo	en esa época	en resumen
a fin de cuentas	sinceramente	en el fondo	yo diría que	por suerte	parece que además
hay que reconocer que	lógicamente	mejor dicho	la verdad es que	afortunadamente	

● Huy, ¡qué tiempos aquellos! La empresa duró unos catorce meses, si no lo recuerdo mal. Fue una época muy intensa. Al principio estábamos muy ilusionados, teníamos tantas ideas, tantos proyectos… _____ yo aprendí mucho, profesionalmente y de la vida, también…

○ ¿Y entonces?

● ¿Que _____ nos separamos? _____ la cosa se fue liando, no sé muy bien por qué… _____ hubo momentos tristes… ¿Sabes?, el trabajo en equipo no es fácil. Cada uno tiene su carácter, sus ideas… _____ éramos muy jóvenes, muy inexpertos. _____, estábamos en un medio muy difícil, con mucha competencia. En aquella época todo el mundo quería dedicarse al diseño o a la publicidad… _____ teníamos muchos sueños y muy poca experiencia. _____, ninguna experiencia.

○ ¿Y cómo acabó todo?

● _____, los tres éramos personas dialogantes y lo arreglamos todo hablando. Nos conocíamos muy bien, nos respetábamos… _____, que dentro de lo que cabe lo llevamos bastante bien. _____ en este tipo de situaciones la gente se mata… _____, nosotros lo hicimos de una forma bastante madura. Ahora, cada uno ha seguido su camino; _____ seguimos siendo amigos. _____, nunca nada va a ser igual. _____, nuestra relación ha cambiado. Nosotros hemos cambiado… Pero, _____, nos seguimos queriendo mucho que, _____, es lo importante.

9 Escucha cómo critican a una serie de personas. ¿Cómo crees que son esas personas? Relaciona cada audición con una valoración.

Prepara tú ahora unas breves descripciones de la conducta de tres personas conocidas que tengan una característica muy marcada. Puedes leerlas a los compañeros de clase, que deberán "etiquetar" a esas personas.

☐ **1** Es el típico niño rico.

☐ Es un cabezota.

☐ Es una despistada.

☐ Es un insolidario.

☐ Es un poco sosa.

☐ Es un quejica.

☐ Es el clásico niño mimado.

☐ Es una egoísta.

☐ Es una persona muy complicada.

☐ Es el típico machista.

☐ Es un poco pelma.

☐ Es una persona un poco problemática.

☐ Es una tacaña, una rata…

[handwritten notes: pijo / Romero / selfish / gallegos - supersticiosos / tacaños - catalanes! / sosa - boring / pelma - pain / no dar ni golpe - andaluzes - wont walk]

10 ¿Quién crees que tenía razón, Pepe o Pepa? Comenta todos los temas de desacuerdo que mencionan, dando la razón a uno de los dos.

TRATA DE UTILIZAR	

	normal	
A mí (no) me parece	lógico	
Yo (no) encuentro	extraño	que
(No) es	comprensible	
	razonable	
	...	

PEPA

● Yo llegaba de trabajar a las 9h de la noche, después de un día entero vendiendo pisos. Ya sabes, yo trabajaba en una inmobiliaria en aquella época y ¡ni un huevo frito para cenar! Vamos, que me tenía que hacer la cena yo… Eso sí, todo limpito y ordenado.

● Los fines de semana, como estaba harta de andar en coche de allá para acá, lo que más me apetecía era quedarme en casa sin hacer nada. Y Pepe decía que era una aburrida…

● A mí no me apetecía todavía tener niños. Estaba en el mejor momento de mi vida profesional, tenía toda la libertad del mundo para viajar…

● Es un soso. No soportaba que pusiera música y que hablara mucho. ¡Como en un convento! Y yo, ya sabes, no puedo vivir sin música…

PEPE

○ En mi trabajo se necesita silencio. Para traducir, ya sabes, hay que estar concentrado. Y a Pepa le encantaba escuchar música a todo volumen. Decía que no se sentía en su propia casa, que yo tendría que vivir en un monasterio.

○ Yo quería tener niños, muchos niños, pero Pepa no. Decía que ya había demasiados niños en el mundo y…

○ Nos quedábamos todos los fines de semana en casa. Y yo, que trabajo en casa, pues lo que quería era salir al campo, hacer pequeños viajes.

○ Yo soy una persona muy ordenada, un obsesivo del orden, vamos. Lo siento pero no puedo vivir si hay desorden a mi alrededor. Y Pepa lo dejaba todo por ahí, su ropa, sus papeles, sus bolsos, zapatos por todos lados… Y la cocina, ni te cuento. ¡Claro!, como ella se iba de casa a las 7h de la mañana… Pero yo me quedaba, y no me podía poner a trabajar hasta que tenía la casa en orden.

↺ Si queréis, luego, podéis discutir en clase los argumentos a favor de uno o de otro.

11 Éstos son los titulares de una revista del corazón. ¿Cómo reaccionarías al leerlos? Da tu valoración sobre los diferentes temas.

TRATA DE UTILIZAR	

	normal	
	ilógico	
Pues a mí (no) me parece	normal	que…
	estúpido	
	bien	
	...	

● Pues a mí no me parece normal que una modelo famosa no acepte el precio de la fama. Si es un personaje público, tiene que aceptar a la prensa…

○ Pues yo no encuentro lógico que persigan a una persona constantemente…

VERÓNICA IZQUIERDO AGREDE A UN FOTÓGRAFO DE LA REVISTA **CORAZÓN, CORAZÓN.**

Desde el inicio de su relación con el Conde de Villanueva, los periodistas rodean día y noche la casa de la modelo.

CIBERCELOS

Pide el divorcio al descubrir que su mujer mantenía una relación platónica por Internet desde hacía dos años.

PROHIBIDO FUMAR

Despiden a un empleado por fumar en los servicios.
Juan Guerrero ha iniciado una batalla legal contra la empresa WEW que le despidió el pasado 3 de marzo por…

HUYE CON LAS JOYAS DE SU PATRONA

Ramona Luján, una de las secretarias personales de la multimillonaria Luciana Estévez, huye de la casa con joyas por valor de un millón de euros. En una nota dijo estar asqueada del lujo que envolvía a su jefa, quien le pagaba un salario de miseria.

LOS VECINOS NO QUIEREN ACUSAR AL MAFIOSO

Detenido el conocido capo del narcotráfico Pablo Gutiérrez en su pueblo natal. Ningún vecino quiere declarar ante la policía.

Un juez granadino condena a un joven a colaborar con los bomberos durante tres fines de semana. El acusado había incendiado una papelera pública.

GIBSON GARCÍA SUSPENDIDO DE SU CARGO POR COMENTARIOS MACHISTAS.
El pasado día 4 el conocido presentador bromeó sobre el aspecto físico de las actuales ministras en un telediario.

12 Muchas veces dejamos frases inacabadas porque creemos que el interlocutor sabrá interpretarlas. Fíjate en estas conversaciones. ¿Qué consecuencia da a entender el segundo interlocutor? Intenta expresarla, continuando las frases.

● ¿Me podrías ayudar? Tengo un problema con el ordenador.
○ ¡Huy!, con lo inútil que soy yo con las máquinas…

● Se ha casado con una mujer muy autoritaria, muy caprichosa.
○ Pues con lo cabezón que es él, van a tener problemas.

● Lo han nombrado director de su escuela.
○ Pues con lo que le gusta mandar…

● Mañana tiene un examen muy difícil en la facultad.
○ Pues con lo poco que ha estudiado…

● Tiene que hacer dieta. El médico le ha prohibido tomar un montón de cosas.
○ Pues con lo rara que es para la comida…

● Mira, estos bombones son para Miguelito, de tía Julia.
○ ¡Huy!, con lo que le gusta el chocolate…

● Tiene que coordinar un equipo en el que hay bastantes tensiones.
○ Pues con lo poco diplomática que es ella…

¿Cómo reaccionarías tú si te dijeran estas cosas? Intenta contestar siguiendo
el modelo anterior aludiendo a algún aspecto de tu personalidad y usando
la estructura con lo + adjetivo **o** con lo (poco) que + verbo.

1. • Te invito a salir conmigo en helicóptero el próximo domingo. Yo soy piloto, ¿sabes?

   ○ _____

2. • Lo siento, pero tienes que dar una conferencia en español ante 300 personas. Solo puedes hacerlo tú.

   ○ _____

3. • He hecho unos espaguetis con ajo, pimienta y guindilla. Un poco fuertes, pero buenísimos. ¿Quieres?

   ○ _____

4. • Mañana damos una fiesta de disfraces. El tema es el circo. Puedes venir de lo que quieras pero, eso sí, es
   obligatorio disfrazarse.

   ○ _____

5. • ¿Me puedes ayudar a planchar estas cinco camisas? Es que salgo de viaje y no tengo tiempo…

   ○ _____

13 **¿Has leído el poema de Cristina Peri
Rossi? Seguramente tú también recuerdas
una última entrevista con alguien. Si no,
la puedes imaginar. Vamos a jugar
nosotros también con el lenguaje poético,
transformando el texto de Peri Rossi a
partir de esta matriz.**

Última entrevista

La última entrevista fue _____
Yo esperaba _____,
que _____
y tu esperabas que _____.
Con _____ te dije:
y tú –_____– respondiste:
_____.

La última entrevista
fue un poco _____.
…

Así puedes aprender mejor

Lee estas dos transcripciones de conversaciones y observa las diferencias. Fíjate especialmente en el papel de las palabras o de las expresiones resaltadas en negrita de la CONVERSACIÓN 2.

1

- ¿Qué hacemos esta noche?
- ¿No íbamos a casa de Sara a su fiesta de cumpleaños?
- Se ha puesto enferma…
- ¿Está enferma? He hablado con ella esta mañana…
- Se encuentra fatal. Le ha dado un cólico renal. Está en el hospital.
- ¡Eso duele!
- Horrible.
- No hay fiesta…
- No.
- Yo no pensaba ir. Mañana tengo un examen.
- Yo le había comprado un regalo muy original…
- Luis lleva dos días haciendo pasteles…
- ¿Qué hacemos?
- ¿Vamos a cenar por ahí…?
- Estoy a dieta.
- Tomas algo ligerito.
- Quedamos a las nueve y nos vamos a cenar. Yo reservo.

2

- ¿Qué hacemos esta noche?
- **Ah… ¿pero** no íbamos a casa de Sara a su fiesta de cumpleaños?
- **Ya, pero es que** se ha puesto enferma…
- **¿Cómo que** está enferma? Yo he hablado con ella esta mañana…
- **Pues** se encuentra fatal. Le ha dado un cólico renal. Está en el hospital.
- ¡**Con lo que** duele eso!
- **Pues sí**, horrible.
- **Total, que** no hay fiesta…
- **Pues no.**
- Yo, **de todos modos**, no pensaba ir. Mañana tengo un examen.
- **Pues** yo le había comprado un regalo muy original…
- Y Luis lleva dos días haciendo pasteles…
- **¿Y entonces?** ¿Qué hacemos?
- ¿**Y si** vamos a cenar por ahí…?
- **Lo que pasa es que** yo estoy a dieta, ¿eh?
- **Pues entonces** tomas algo ligerito, ¿no?
- **Claro**…
- **Pues eso:** quedamos a las nueve y nos vamos a cenar. Yo reservo.
- **Estupendo.**

La conversación es la forma más típica y frecuente de la lengua oral. Como toda forma de lengua oral es ante todo interacción, o sea "una acción entre individuos". Y en esa acción, hay cooperación entre los hablantes que se manifiesta de muchas formas: de manera inconsciente nos ponemos de acuerdo para ceder turnos de palabra, mantener o interrumpir la comunicación, asegurarnos de que nos entendemos, etc. Parte de la información la transmitimos verbalmente y otra parte, con nuestros gestos, con la distancia de nuestros cuerpos, etc. Pero, en cualquier caso, en las conversaciones hay muchas palabras cuya finalidad, entre otras, es relacionar o cohesionar nuestras palabras con las del interlocutor. Estas palabras no son sólo un adorno, sino las señales necesarias de que los interlocutores están construyendo juntos algo: el significado de su conversación.

VALORAR A PERSONAS

	un chico/una chica	
Es	un hombre/una mujer	especial/muy amable/un poco difícil/...
	un señor/una señora	

Es una persona amable/muy inteligente/nada comunicativa/...

•••○ Normalmente el adjetivo calificativo va situado detrás del sustantivo al que acompaña. Existen, sin embargo, algunas expresiones con las que es muy frecuente el adjetivo antepuesto.

un **gran** hombre	una **gran** mujer
un **buen** amigo	una **buena** amiga
un **buen** padre	una **buena** madre
un **buen** hijo	una **buena** hija
una **buena** persona	

•••○ Algunos adjetivos cambian de significado según su posición.

GRAN/GRANDE

un **gran** hombre	una **gran** mujer	(=por su personalidad u obra)
un hombre **grande**	una mujer **grande**	(=de tamaño)

Atención:
El adjetivo **grande**, cuando está delante del nombre, tiene la forma **gran** en singular, pero **grandes** en plural.

Groucho Marx fue un **gran** cómico del cine de los años cuarenta.

Los hermanos Marx fueron unos **grandes** cómicos del cine de los años cuarenta.

POBRE

un **pobre** hombre, una **pobre** chica (=da matiz de lástima o de menosprecio)
una familia **pobre**, un país **pobre** (=no rico)

También es de uso frecuente:
la pobre Victoria   **el pobre** Federico

VIEJO

un **viejo** amigo, una **vieja** colega (=relación antigua)
un amigo **viejo**, una colega **vieja** (=edad del amigo)

•••○ Con cualidades negativas.

el tonto de Jose Mari
la pesada de Elvira
los egoístas de mis hermanos

•••**O** Para marcar la intensidad de una cualidad negativa.

No es **nada** flexible/comprensiva/...

SOLO CON ADJETIVOS NEGATIVOS
Es un poco pesado/impertinente/...   ~~un poco guapo~~

SOLO CON ADJETIVOS POSITIVOS
Es poco inteligente/diplomático/...   ~~poco feo~~
(=no es muy...)

SUSTANTIVACIÓN DEL ADJETIVO: USOS DE **LO**

Hilario es muy cabezón.   +   Eso es terrible.

Es terrible **lo cabezón** que es Hilario.

¿Has visto **lo grandes** que están los gemelos?
No te puedes imaginar **lo estúpido** que es mi jefe.
Yo no sabía **lo difícil** que era bailar el tango.

> Atención:
> Al ser un artículo neutro no tiene marca de género ni de número.
>
> - El tonto de Pepe/La tonta de Pepa...
> - **Lo** tonto que es Pepe/**Lo** tonta que es Pepa.   **Lo** justo es beber y pagar.

Para **lo** pequeño que es, habla muy bien.
(=es muy pequeño y, teniendo en cuenta eso, habla muy bien)

Con **lo** cabezón que es, seguro que deja el trabajo después de ese lío.
(=es muy cabezón y, por esa razón, seguro que deja el trabajo)

VALORAR UN PERIODO

En aquella **época**   ⎧ yo **lo pasé** muy mal.
Aquel **verano**   ⎨ Elena **lo pasó** fatal.
Durante aquel viaje   ⎩ **lo pasamos** genial.

Fue una   **época**   interesante.
          temporada   maravillosa.
          un año   muy complicado.
          verano   horrible.
          ...

Fueron   **unos años**   muy difíciles.
          unos días   bastante pesados.
          meses   un poco duros.
          ...

PASAR

Recuerda que el verbo **pasar** tiene usos y significados muy diferentes.

A TRAVÉS DE	**PASAR POR** Vamos a Pamplona, así que **pasaremos por** Zaragoza.
IR DEMASIADO LEJOS EN EL SENTIDO ESPACIAL	**PASARSE** Me parece que **nos hemos pasado.** Era la otra calle.
IR DEMASIADO LEJOS EN EL SENTIDO FIGURADO	**PASARSE** **Te has pasado** con Kiko. Has sido demasiado duro con él.
EXPERIMENTAR UNA VIVENCIA DE MANERA FAVORABLE O DESFAVORABLE	**PASARLO** bien/mal/genial/fatal/... Iván **lo pasó genial** cuando estudiaba. Durante la enfermedad de su madre **lo pasó fatal.**
DIVERTIRSE	**PASÁRSELO** bien/genial/... (EN LATINOAMÉRICA ES MÁS FRECUENTE: PASARLA) En la fiesta de Ramón **nos lo pasamos genial.**
DEJAR DE TENER UNA SENSACIÓN O SENTIMIENTO	**PASÁRSELE** **¿Se te ha pasado** el dolor de cabeza? Estaba enfadado pero ya **se le pasó.**

SUBORDINADAS SUSTANTIVAS (II): INDICATIVO/SUBJUNTIVO

Cuando en la oración principal se manifiesta un sentimiento o una reacción ante la acción de la subordinada, ésta va en Subjuntivo. Esto sucede, por ejemplo, cuando el verbo de la oración principal es **gustar, encantar, molestar, preocupar, querer, tener ganas, preferir, odiar, no soportar,** etc.

•••❍ Reacción o sentimiento presente sobre un hecho presente.

PRESENTE DE INDICATIVO | PRESENTE DE SUBJUNTIVO

No soporta
Quiere
Prefiere
Odia
Le gusta
Le molesta
Le preocupa
...

} que Berta **trabaje** con él.

•••○ Reacción o sentimiento pasado sobre un hecho pasado.

IMPERFECTO DE INDICATIVO   *IMPERFECTO DE SUBJUNTIVO*

No soportaba
Quería   } que Marta **dijera** eso.
Le encantaba

INDEFINIDO   *IMPERFECTO DE SUBJUNTIVO*

Le sentó fatal
No **le gustó**   } que Marta **dijera** eso.
Me molestó mucho

PRETERITO PERFECTO   *IMPERFECTO DE SUBJUNTIVO*

Le ha preocupado
Le ha molestado   } que Marta **dijera** eso.
No **le ha gustado**

•••○ Reacción o sentimiento presente sobre un hecho pasado.

PRESENTE DE INDICATIVO   *IMPERFECTO DE SUBJUNTIVO*

Me preocupa
Le molesta   } que Marta **dijera** eso.
No **le gusta**

•••○ También podemos valorar, dar una opinión actual sobre algo
pasado.

                                    IMPERFECTO/PERFECTO DE SUBJUNTIVO
Es normal   }   { **estuviera** enfadado.
Es lógico   que   { **tuviera** celos.
Es una pena   { no **haya podido** venir.
Yo no encuentro lógico } { **se haya enfadado** tanto.

ORGANIZADORES Y CONECTORES

•••○ En muchas ocasiones, cuando el hablante da una información,
muestra al mismo tiempo su actitud frente a esa información.
También, muchas veces, la conectamos o la relacionamos con otras
informaciones que ya se comparten con el interlocutor.

•••○ Estos son algunos de los recursos que se utilizan:

Para citar la fuente.

Según Jaime/ella/mi prima Rita/... Pepe es un egoísta.

En un registro más coloquial es habitual emplear:

Dice Jaime que dice mi madre que si sabe usted...

•••○ Para asegurar o para garantizar una información o una intención.

INFORMACIÓN

Pepe es un idiota,
Vendré mañana,
{
te/se lo aseguro.
te/se lo juro.
os/se lo prometo.
de verdad.
}

Vendré mañana,　　　**seguro.**

•••○ Cuando el hablante no se hace responsable de la información.

Según dicen,
Dicen que
Según parece,
Parece que
He oído que
Me he enterado de que
}
Laura y Gustavo han roto.

•••○ Para resaltar como más importante una información respecto a las anteriores.

En el fondo,　　　es una buena persona.

Lo cierto es que
A fin de cuentas,
La verdad es que
De todos modos,
De todas maneras,
}
van a despedir a varias personas.

•••○ Para marcar una actitud frente a la información.

INFORMACIÓN POSITIVA

Por suerte,
Afortunadamente,　　la ambulancia llegó muy rápido.

INFORMACIÓN NEGATIVA

Por desgracia,
Desgraciadamente,　　la ambulancia tardó mucho tiempo.

UN HECHO ESPERADO

Por fin　　llegó la ambulancia.

•••○ Para presentar información negativa que se añade a otras anteriores.

INFORMACIÓN NEGATIVA

(Y) {
Para colmo,
Encima,
Lo que faltaba,
Lo que es peor,
}
tuvieron un accidente de moto.

•••○ Resumir y concluir.

En resumen,
Total, que } decidieron cerrar la empresa.

•••○ Introducir explicaciones sobre el presente porque hay algo problemático.

Lo que pasa es que
Lo que sucede es que } María no sabe comunicarse.

•••○ Introducir explicaciones sobre el pasado porque ha habido algo problemático.

Lo que ha pasado/sucedido es que
Lo que pasó/sucedió es que
Lo que pasaba/sucedía es que } ha dejado el trabajo.
dejó el trabajo.
quería irse de España.

•••○ Pedir explicaciones, o más información.

Y entonces, { ¿**qué** pasó?
¿**cómo** volvisteis a casa?
¿**cuándo** vino Lucía?
...

¿Cómo es que
¿Por qué
¿Cómo
... } no ha venido Carmen?

Sinceramente, no entiendo cómo le han publicado esa novela.

•••○ Presentar algo que puede recibirse negativamente.

Sinceramente, no me gusta lo que está pasando en la escuela.

Francamente, tu cuñado me cae fatal.

La verdad, no sé qué me estás intentando decir.

•••○ Admitir algo que en principio se rechazaba.

Hay que reconocer que Andrés se equivocó al no perdonar
a su hermana.

gente utópica

Aquí encontrarás:

EJERCICIOS

1 Expresar rechazo.

2 Diferentes grados de rechazo. Entonación.

3 Expresar reproches. Declarar buenas intenciones.

4 Marcadores para dar veracidad al discurso.

5 Léxico relacionado con cuestiones sociales.

6 Hacer promesas. **Para** + Infinitivo/ Subjuntivo.

7 Léxico: economía, política y bienestar social.

8 Expresar deseos. Condicional + Infinitivo/ **que** + Imperfecto de Subjuntivo.

9 Expresar deseos.

10 Hacer propuestas para conseguir un objetivo.

11 Marcadores de argumentación.

12 Aludir a temas. Uso de **lo de.../eso de...**

13 Marcadores de argumentación.

ASÍ PUEDES APRENDER MEJOR

CONSULTORIO LINGÜÍSTICO

1 ¿Te molestan estas cosas? ¿Cuánto? Márcalo al lado de cada una de las frases, utilizando el código: muchísimo, mucho, un poco, nada.

	muchísimo	mucho	un poco	nada
la gente que habla y come en el cine				
las preguntas de los desconocidos sobre mi vida personal				
la suciedad en las calles				
el uso del móvil en cualquier lugar y momento				
las mentiras				
la impuntualidad				
el abuso de la violencia en la tele				
el ruido del despertador por las mañanas				
el olor de los ambientadores en los cines				
la gente que grita cuando habla				
las bromas pesadas				
el perfume intenso de algunas personas				
...				

Elige cinco de estos temas y escribe una frase sobre tu actitud ante ellos. Amplía tu opinión como en el modelo. Coméntalo con tus compañeros.

● Yo no soporto que la gente hable por el móvil en cualquier lugar, por ejemplo, en un museo mientras ve una exposición...
○ Pues a mí no me molesta en absoluto.

2 Escucha a estas personas que muestran su malestar ante diferentes situaciones. ¿Con qué intensidad de queja, enfado, o rechazo crees que han sido dichas estas frases? Márcalo al lado de cada frase (5=mayor intensidad, 1=menor intensidad). ¿En qué has basado tu decisión?

5 Vamos, que vuestra propuesta es bastante impresentable.

☐ No soporto que me mientan.

☐ No se puede aguantar, hombre. Esto no puede seguir así.

☐ Lo que más me fastidia de todo esto es que al final acabe pensando que tiene él la razón.

☐ Su forma de trabajar me parece totalmente incomprensible.

☐ Me molesta que no diga las cosas claramente.

☐ Verdaderamente, no me gusta vuestro comportamiento.

☐ Es incomprensible que nadie haga nada por solucionar este asunto.

3 Según un sondeo realizado en el programa de radio NO TODO ES AMOR, los principales reproches entre las parejas son los siguientes. ¿Añadirías alguno más?

Lo que más me fastidia es...

... que siempre me esté criticando.
... que se pase el día hablando por teléfono.
... que siempre me eche la culpa de todo.
... tener que ser siempre yo quien tome las decisiones más difíciles.
... que no me escuche.
... que siempre acabemos haciendo lo que él/ella quiere.
... que no sea nada amable con mis amigos, ni con mi familia.
... tener que encargarme yo de organizar todo nuestro tiempo libre.

Hoy han participado en el programa varias parejas que han expuesto sus puntos de vista y han llegado a estos compromisos.

Vale, tienes razón, intentaré ser más flexible. En serio, ya verás cómo cambio.

Bueno, es que lo haces tan bien... Pero, vale, la próxima vez voy yo a comprar las entradas para el concierto. Te lo prometo.

Intentaré cambiar. Esta vez va en serio. Te prometo que voy a tratar de ver las cosas de una forma más positiva.

¿A qué reproche del cuadro podría corresponder cada una de estas declaraciones?

Escribe las declaraciones de buenas intenciones que se podrían hacer respecto al resto de los reproches.

4 Escucha estos tres diálogos de personas que discuten e intentan llegar a una solución para arreglar una situación de conflicto. ¿Cuál es el motivo de conflicto en cada caso? ¿Crees que tienen intención de solucionarlo?

1
● **En serio**, decídete de una vez... Que no quieres estudiar... pues te buscas un trabajo...

○ ... Me saco el título, **ya lo verás**.

2
● ... no es la primera vez que haces esto, **en serio**, empiezo a hartarme.

○ ... es la última vez, **en serio**.

3
● ... te vas a quedar sin plaza, **ya lo verás**, tanto esperar y al final...

○ ... mañana mismo me acerco al instituto, **de verdad**.

¿Qué función crees que tienen las expresiones resaltadas en estas conversaciones?

5 Relaciona las dos columnas de palabras. Después, elige las cuatro propuestas que te parezcan más urgentes para mejorar nuestra sociedad actual, y escribe un pequeño texto para incluirlas en un programa electoral.

Lucharemos contra
la corrupción en todos
los sectores de la sociedad...

luchar contra   las pruebas nucleares
reformar   las escuelas y los programas sociales
eliminar   las asociaciones y las ONG
reducir   un nuevo impuesto social
aumentar   el sistema educativo
mejorar   las infraestructuras
prohibir   la corrupción
implantar   las barreras arquitectónicas
colaborar con   el número de autobuses nocturnos
subvencionar   el consumo de agua
oponerse a   una justicia eficaz
exigir   el consumo de alcohol

6 El ayuntamiento de una ciudad ha propuesto una serie de proyectos para el próximo año. ¿Qué finalidad crees que tiene cada uno de ellos? Usa para + Infinitivo **o** para que + Subjuntivo **según convenga.**

- Construir un edificio emblemático (gran museo):   para promocionar la imagen de la ciudad.
    para que aumente el turismo.

PROYECTOS
- Ampliar el aeropuerto.
- Construir una nueva línea de metro.
- Instalar un pavimento poroso que absorba el sonido de los coches.
- Construir un nuevo recinto ferial.
- Instalar paneles de energía solar en todos los edificios oficiales.
- Construir residencias para ancianos en cada barrio.
- Rehabilitar los edificios del casco antiguo.
- Construir vías de acceso a la ciudad.
- Trasladar la zona industrial desde la costa hacia el interior.
- Regar los parques con aguas residuales tratadas.

7 ¿Qué palabras puedes relacionar con cada uno de estos temas?

oposición   nivel de vida   deuda   exportar/importar

multinacional/transnacional   parlamentario/a   universal

baja por maternidad/paternidad   partido conservador/progresista

seguridad social   pobreza/riqueza   ministro/a

de izquierdas/de derechas   inflación   subsidio de desempleo

becas   monarquía/república   jubilación

ECONOMÍA

BIENESTAR SOCIAL

POLÍTICA

En tu ciudad se está celebrando un acontecimiento importante que se retransmite a todo el mundo por televisión. Escribe un breve texto para hacer una presentación de tu país para el comienzo del reportaje televisivo.

8 ¿Cuál de las tres personas de las fotografías podría expresar estos deseos? ¿Por qué?

 Eduardo

 Pol

 Manuel

DESEOS

A Me gustaría que hubiera más instalaciones deportivas en mi barrio.

B Lo que realmente me gustaría es que me tocara la lotería.

C Me encantaría viajar por todo el mundo.

D Sería maravilloso conocer personalmente a Alejandro Sanz y que me firmara un autógrafo.

E Me gustaría no tener tantas dificultades para encontrar un primer trabajo.

F Me gustaría que mi familia fuera más comprensiva conmigo.

G Me gustaría conocer a mi pareja ideal.

H Lo ideal sería tener siempre buena salud.

I Lo que me gustaría es mantener una buena relación con toda la familia.

J Lo que me encantaría es tener más independencia.

K Lo que estaría muy bien es que me dejaran salir con mis amigos siempre que quiero.

L Me encantaría escribir un libro.

↺ Escribe seis deseos que tengas (tres ciertos y tres falsos). Léeselos a un compañero, que tendrá que adivinar cuáles son los deseos falsos.

9 Cuatro personas expresan sus ideas en el foro virtual RECONSTRUIR LA SOCIEDAD. ¿Qué grupo político crees que cubriría mejor sus expectativas? ¿Por qué?

Partido Idealista
Por la igualdad y por la justicia

GRUPO APOLÍTICO POSMODERNO
POR UN MUNDO ENROLLADO

GRUPO DE DEFENSA DEL MERCADO MUNDIAL
Por un mercado muy libre

valladolidagosto2001 · Valladolid agosto2001

Propietario [Opciones de entrega]

Bienvenidos miembros de eGroups
Más información

▶ Inicio
Mensajes
  Pendientes
  Publicar mensaje
Charlar
Archivos
Fotos
Marcadores
Base de datos
Sondeos
Miembros
Agenda

▶ **PABLO:**
La vida sería mucho más agradable si hubiera más ayudas para el arte y para la cultura. Pero no para la cultura institucional. Yo me refiero a un arte popular, que cualquiera tuviera locales abiertos día y noche, donde ir a bailar, a tocar un instrumento y a pintar; para expresarse, sin pretensiones de ser un Picasso, ni nada de eso. La gente viviría menos angustiada. Si hubiera más amor, más música y más alegría y menos estrés, las cosas irían mejor.

▶ **CELIA:**
Lo que habría que hacer es prohibir totalmente la venta de armas, seguro que entonces no habría guerras. La pobreza de muchos países viene provocada por las constantes guerras que allí se mantienen. Sin armas, el mundo sería un lugar mucho más habitable.

▶ **PEPE:**
Lo que verdaderamente me gustaría es que se acabara con la investigación con animales vivos. Y también con los transgénicos y con la clonación. Los consumidores tenemos mucho poder. Propongo un boicot total a marcas de cosmética como RENOVA que investigan de esta manera.

▶ **CAROLINA:**
Si la economía va bien, el mundo va bien. Los gobiernos deberían dar facilidades a los jóvenes empresarios para que pudiéramos invertir en cualquier lugar del mundo. Deberían dejar de dar ayudas a los agricultores, ellos tienen que competir en el mercado en las mismas condiciones que las empresas.

Escribe dos intervenciones más para incluirlas en el foro RECONSTRUIR LA SOCIEDAD. Léeselas a tus compañeros, que decidirán sobre el grupo político más idóneo para esas personas.

10 Lee el texto sobre el documento de la AGENDA 21.
¿Se han tomado medidas de este tipo en la ciudad en la que vives?

En 1992 se celebró en Río de Janeiro la Conferencia de Naciones Unidas sobre Medio Ambiente y Desarrollo. Allí se redactó el documento llamado Agenda 21, que supuso una declaración de derechos del planeta. El encuentro tuvo una gran repercusión y desde entonces el concepto de Sostenibilidad, o Desarrollo Sostenible, ha ganado gran popularidad y empuje, y se ha incluido como tema de debate en todos los foros, programas políticos, etc.

El Desarrollo Sostenible se define como el modelo de desarrollo que satisface las necesidades presentes sin amenazar la capacidad de las generaciones futuras de satisfacer las suyas.

Las acciones propuestas en A21 pretenden:

- Corregir las desigualdades existentes en el planeta.
- Mejorar la habitabilidad de la tierra a largo plazo.
- Utilizar los recursos de forma racional.

LA AGENDA 21 LOCAL

El ámbito de la aplicación de la Agenda 21 es local. En este momento, más de 3000 ciudades en el mundo están impulsando acciones con fines de sostenibilidad.
En los últimos años la A21L se ha incorporado masivamente a las agendas políticas de los municipios españoles. Además, este proyecto incorpora un principio y un método de trabajo que supone la participación activa de los ciudadanos.

Algunas de las acciones realizadas en los municipios españoles adscritos a la A21L:

- Conservación y mejora de los entornos forestales.
- Educación ambiental en las escuelas.
- Recogida selectiva de basuras.
- Saneamiento de aguas residuales. Reutilización para regar parques y jardines.
- Ahorro y promoción de energías alternativas.
- Participación de los ciudadanos en las decisiones del ayuntamiento (información y control).
- Creación de carriles bici.
- Transformación de las rondas en cinturones verdes.
- Aumento del verde en la ciudad.
- Medidas para contrarrestar los cambios en el nivel del mar.
- Elaboración de un mapa de ruidos y de actuación en zonas muy afectadas.

Ahora, escucha a Jorge, que habla sobre los cambios que se han producido en su vida cotidiana desde que en su ciudad se adoptó la AGENDA 21. ¿Qué valora como principales cambios?
Escribe sus sugerencias para mejorar la vida en Barcelona.

11 ¿Qué acciones te gustaría proponer al ayuntamiento de tu ciudad? ¿Con qué finalidad? Con esas acciones, ¿qué aspectos mejorarían el lugar donde vives?

Escribe un pequeño texto para la sección "El buzón de los ciudadanos" de la prensa local. Aquí tienes uno que se publicó en la edición de ayer.

▇▇▇ MÁS FACILIDADES PARA LA PRÁCTICA DEL DEPORTE EN EQUIPO

Señor Alcalde:

Todos coinciden en que el deporte es una actividad beneficiosa para personas de todas las edades, pero especialmente para la gente joven, por muchas razones. Favorece una buena salud, propicia la actividad en equipo y, **además**, llena muchas horas de ocio. En la ciudad tenemos bastantes instalaciones deportivas, **sin embargo**, estas no son suficientes. **Además**, algunas de ellas, **aun** siendo municipales, son de pago y eso supone un obstáculo para muchos equipos sin recursos, que no tienen dónde entrenar. Este asunto se agrava los fines de semana. **Por otro lado**, todos los Institutos de Enseñanza Secundaria, que tienen muy buenos polideportivos, están cerrados todo el fin de semana, de viernes por la tarde a lunes por la mañana. ¿No es esto absurdo? ¿No sería muy fácil mantener las instalaciones deportivas que ya existen abiertas 24 horas durante los fines de semana? **Juan Antonio.** Jugador aficionado al balonmano. Barrio del Arrabal.

12 Lee estos titulares de prensa española y las opiniones de algunas personas que comentan y se refieren a estos temas.

> El empleo ha subido en abril en un 3%

> La mayoría de los bancos españoles tienen sus fondos en paraísos fiscales en el extranjero

> Tres nuevos casos de enfermos afectados por la bacteria legionella

> Suben las temperaturas 3° C con respecto al verano anterior

> Grave sequía en el sur de España

> Desarticulada una red de piratas informáticos que actuaba hace tiempo desde Soria

● Lo del pirateo es inevitable; además, con los precios que tienen los materiales informáticos, no me sorprende que la gente haga copias pirata...
○ Ya, pero yo eso no lo veo bien...

Lo del _____ está cada vez peor.
   de la _____ es preocupante.

Para eso del _____ no hay solución.
   de la _____ no es fácil encontrar respuestas.

Eso del _____ es un problema en muchos países.
   de la _____ es algo que hay que solucionar.

¿Cuáles serían, en este momento, los titulares de la prensa local en tu país? Escribe varios sobre temas que afectan a tu país o a tu ciudad.
¿Qué comentarios harías sobre su repercusión en la opinión pública local?

13 Enlaza las siguientes frases con los conectores adecuados. Elige para cada lugar uno de la lista correspondiente.

Todos querían reducir la jornada laboral, _____ **A** el Director Ejecutivo. _____ **B,** no consiguieron ponerse de acuerdo. _____ **C** las cosas se quedaron igual.

Es muy friolero. _____ **C** duerme siempre con pijama de lana, _____ **A** en verano

El piso en el que viven es muy pequeño. _____ **A,** van a tener otro hijo en octubre. _____ **C** han decidido comprar un piso con tres habitaciones.

Le ofrecieron un trabajo muy bien pagado en Australia. _____ **A,** tiene muchos amigos allí. _____ **B** prefirió quedarse en Toledo.

Siempre quiso ser periodista. _____ **A** desde muy joven colaboraba en un periódico local. _____ **C** acabó trabajando como dibujante de tiras cómicas.

> **A**
> incluso
> además
> encima
> hasta

> **B**
> sin embargo
> aun así
> a pesar de eso
> a pesar de todo

> **C**
> así que
> por eso
> por lo tanto
> conque

Así puedes aprender mejor

Quizás, en alguna ocasión, te has sorprendido al observar a hablantes hispanos envueltos en una conversación coloquial. Son frecuentes las interrupciones entre ellos. En muchos casos se producen intervenciones simultáneas, "parece que hablan todos a la vez". Es muy corriente, en la conversación espontánea, que un hablante haga intervenciones cortas, en medio de la intervención del otro, (superposición intercalada), que pueden ser desde simples palabras: ya; a opiniones o comentarios sobre el asunto que se está tratando: qué mala idea, ¿no?

- (...) y me encontré con un amigo que hacía tiempo que no veía y... me llevé un poco de disgusto porque resulta que lo fui a saludar y tal y digo: ¡Hombre!, tal tal y digo... Y es verdad que hacía mucho tiempo que yo no le llamaba pero...
  └ o (la coge del brazo) ¿Erais...?, perdona, ¿erais muy amigos?
- Bastante, sí, muy buenos colegas, muy buen compañero, una persona muy divertida muy agradable, y me dijo que él no me había llamado porque alguien, no sé quien, le había dicho que yo no quería hablar con él.
  o ¡Qué fuerte!
- Entonces le dije pues... paso, paso de enterarme quién ha sido.
  └ o Ajá.
  o ¿No? Porque para qué...
  └ o Ya, para qué.
- Para qué vas a entrar en quién fue... qué dijo... Dije... que no que no. Y él se ve que se había llevado un disgusto bastante grande...
  o Claro..., normal... Si no le llamas...
- Y menos mal que me lo encontré en la calle que si no, no vuelvo a saber nada más de él. Fíjate la gente...
  o ¡Qué mala idea!, ¿no?

La interrupción o solapamiento de turnos es un rasgo de la conversación coloquial en español (aunque en diferente grado según el país de habla hispana) y en general no se interpreta como una descortesía ni como una actitud agresiva. Al contrario, en la mayoría de casos, la persona que interviene mientras el interlocutor está hablando, más que pretender arrebatarle el turno de habla, lo que intenta es ayudar, respaldar, apoyar lo dicho por el otro. Son, pues, muestras de confirmación de contacto y de interés por la conversación: ya, claro, normal, ¡qué fuerte!, etc.

EXPRESAR RECHAZO

No soporto
No aguanto
No tolero

Estoy harto/a de

Me molesta
Me fastidia
Me indigna
Me irrita

Me da mucha rabia
Me saca de quicio

~~Me enfada~~

INFINITIVO
tener que pagar impuestos.

PRESENTE DE SUBJUNTIVO
que muchos empresarios no **paguen** sus impuestos.

SUSTANTIVO EN SINGULAR
la injusticia.

SUSTANTIVO EN PLURAL

Me fastidia**n**   la**s** grande**s** mentira**s**.
Me molesta**n**   la**s** noticia**s** falsa**s**.
Me indigna**n**   la**s** promesa**s** de los políticos.
Me da**n** mucha rabia   la**s** incoherencia**s** de la publicidad.

~~Me enfadan~~ las injusticias sociales.

•••○ Recuerda que cuando en la oración principal se manifiesta un sentimiento o una reacción ante la acción de la subordinada, ya expresada antes o presupuesta, ésta va en Subjuntivo.

> No **soporto** que **salgas** por las noches sin mí.
> Me **indigna** que algunas ONG **cobren** cuotas a sus voluntarios.

•••○ Cuando el verbo de la oración principal está en Condicional, el de la subordinada está en Imperfecto de Subjuntivo.

> Me **molestaría** que **ganara** la oposición.
> (ganar la oposición se presenta como algo posible o hipotético)

> Me **daría** mucha rabia que Juan **supiera** esto.
> (que Juan sepa esto se presenta como algo posible o hipotético)

PARA INTENSIFICAR O RESALTAR UN SENTIMIENTO

Me fastidia

muchísimo
enormemente
tremendamente   el tráfico.
especialmente
terriblemente

...

		INFINITIVO
Lo que **más** me molesta	es	**esperar**.
		SUSTANTIVO SINGULAR
Lo que **de verdad** me fastidia	es	**la demagogia**.
		SUSTANTIVO PLURAL
Lo que **realmente** me desespera	son	**los dogmatismos**.
		que + *SUBJUNTIVO*
Lo que **verdaderamente** me indigna	es	**que hables** así.

Me desespera ~~mucho~~.
Me indigna ~~mucho~~.

~~muy~~ intolerable	**realmente** intolerable
~~muy~~ inaceptable	**verdaderamente** inaceptable
~~muy~~ inadmisible	**totalmente** inadmisible
…	

Lo que me resulta...

(**totalmente**)	**intolerable**	
(**verdaderamente**)	**incomprensible**	**es** la arbitrariedad.
(**realmente**)	**injustificable**	**son** los abusos de poder.
	inaceptable	**es que** se permita este tipo de corrupción.
	inadmisible	
	…	

EXPRESAR DESEOS

Me gustaría mucho	**colaborar** con una ONG.
Me encantaría	**que mejorara** la educación.

Lo que me gustaría es	**vivir** tranquila.
Lo que querría es	**que terminara** la guerra.

Lo ideal sería	
Lo deseable sería	**llegar** a un acuerdo entre todos.
Lo mejor sería	**que** Ana y David **llegaran** a un acuerdo.

Sería estupendo	
Sería genial	**llegar** a un acuerdo entre todos.
Sería maravilloso	**que** Javier **encontrara** trabajo.
Sería fantástico	
…	

LO DE (QUE)/ESO DE (QUE): ALUDIR A TEMAS

Cuando un tema se considera ya conocido por el interlocutor nos referimos a él con recursos como **lo de** y **eso de**.

LO DE/ESO DE + *SUSTANTIVO*
Lo de/Eso de la sequía es un problema tremendo.

LO DE/ESO DE + *INFINITIVO*
Lo de/Eso de tener que trabajar el domingo es horrible.

Cuando la alusión a un tema ya mencionado implica una oración, usamos **lo de que** y **eso de que**.

(en el contexto: "Van a bajar los impuestos")
Lo de que van
Eso de que vayan a bajar los impuestos me parece poco creíble.

(en el contexto: "Ana y Toni se van a casar")
Lo de que se casan
Eso de que se casen Ana y Toni lo veo bastante imposible.

Yo, lo de María, hace mucho tiempo que lo sé y, la verdad, me parece intolerable.

GARANTIZAR

Muchas veces necesitamos reafirmar lo que decimos, garantizando que es verdad o asegurando un compromiso. El fin suele ser tranquilizar al interlocutor o animarlo o argumentar nuestro punto de vista. Para ello, utilizamos las expresiones siguientes, que pueden aparecer al inicio o en otros lugares del enunciado.

en serio
ya lo verás
de verdad
de veras

Voy a ir al médico mañana. **En serio,** no te preocupes.
En serio, voy a ir al médico mañana. No te preocupes.

Mamá vendrá en seguida, **ya lo verás.**
De verdad, mamá vendrá en seguida,

Atención:
Este tipo de expresiones son más habituales en un registro conversacional.

REGISTRO FORMAL
Prometemos acabar con la corrupción.
Intentaremos que los precios no suban en los próximos años.

REGISTRO CONVERSACIONAL
Acabaré todo el trabajo hoy mismo, **te lo prometo.**
te lo juro.
En serio/De veras/De verdad/..., no volveré a llegar tarde.

ESTAR A FAVOR O EN CONTRA

El Dr. Gutiérrez **está (totalmente/completamente) a favor de** la aplicación de esta
nueva técnica quirúrgica.
La oposición **está (totalmente/completamente) en contra de** esta propuesta de ley.

LA FINALIDAD (II)

Es necesaria más inversión...

... para (más informal)   *INFINITIVO*
... a fin de/con vistas a (más formal)   **mejorar** la educación pública.

... para que (más informal)   *SUBJUNTIVO*
... a fin de que (más formal)   **mejore** la calidad de la enseñanza.
... con vistas a que (más formal)

VENTAJAS E INCONVENIENTES

La ventaja
Lo bueno   (de esto/de este programa/...) **es que** van a bajar los impuestos.

El inconveniente
Lo malo   (de este programa/de lo que tú dices/...) **es que** van a reducir las becas.
El problema

¡Ya está bien!
Nunca me llamas,
siempre soy yo el que tengo
que hacerlo.

No te enfades,
anda, prometo llamarte
más, ya lo verás…

QUEJARSE, PROTESTAR

¡Esto no puede seguir así!
¡Ya está bien!
¡Basta de quejarse/injusticia/despidos!

Es hora de   saber la verdad.
Ha llegado el momento de conocer los hechos.

VERBOS CON PREPOSICIÓN (III)

ACABAR CON	Los políticos **han acabado con** las esperanzas de los ciudadanos.
COLABORAR CON	Ahora estoy **colaborando con** una editorial de idiomas.
COMPROMETERSE A	No **me comprometo a** llegar a la hora, ya me conoces.
ESTAR HARTO DE	**Estoy harta de** que los sindicatos se vendan a la Patronal.
ESTAR INTERESADO EN	Dice mi hermana que **está interesada en** comprar tu coche.
ESTAR PREOCUPADO POR	Los ciudadanos **estamos preocupados por** los últimos acontecimientos políticos.
LUCHAR POR	Los trabajadores de la empresa Solvives **luchan por** mantener su empleo y me parece muy legítimo.
LLEGAR EL MOMENTO DE	**Ha llegado el momento de** comprometerse políticamente.
OPONERSE A	Los estudiantes **se oponen al** nuevo plan de estudios.
QUEJARSE DE	No **me quejo de** que no vengas a verme, pero sí de que no me llames ni para saber cómo estoy.
SER HORA DE	Ya **es hora de** que empieces a estudiar o no aprobarás los exámenes de junio.

gente y productos

prooliva.com

LA OLIVICULTURA

www.prooliva.com

A pesar de su antigüedad (más de 6.000 años), el olivo sigue siendo un cultivo importante, que por otra parte se encuentra en proceso de plena modernización. En efecto, en la actualidad se seleccionan nuevas variedades más productivas, se mecaniza el cultivo y se estudian nuevas técnicas de elaboración para la obtención del aceite, un producto cada día más apreciado por su sabor y por su contribución a una dieta equilibrada y saludable.

La producción de aceite de oliva de calidad constituye un complejo proceso que comienza en el árbol y termina en el envasado. La calidad nace en el campo gracias a una combinación de diversos factores (suelo, clima, variedad, técnicas de cultivo y recolección), y debe mantenerse durante todo el proceso de elaboración (transporte y almacenamiento de la oliva, extracción y conservación del aceite).

Por tanto, la prevención de las enfermedades y plagas del olivo (y, muy especialmente, de aquéllas que por alguna causa producen daños al fruto) juega en este proceso un papel importante.

La extracción del aceite de oliva virgen en una almazara se puede hacer fundamentalmente por dos métodos: presión o centrifugación.

El número de variedades de olivos cultivadas es muy elevado. En España son más de 250.

oliva es prácticamente el único aceite vegetal que,

Aquí encontrarás:

EJERCICIOS

1 Discriminación de registros.

2 Conectores discursivos de registro formal.

3 Verbos copulativos y de existencia.

4 Uso de **por** en construcciones causales.

5 Porque/Por.

6 Orden de la frase, registro y entonación.

7 Construcciones adversativas y concesivas, y registro: **pero, a pesar de, aunque, aun así.**

8 Adverbios en **–mente.** Valores discursivos.

9 Sustantivos derivados de verbos. Formas y usos.

10 Cohesión de los textos en registro formal: demostrativos, posesivos, pronombres, hiperónimos, etc.

11 Organización de la información y conectores discursivos en registro formal.

12 Causa y consecuencia. Conectores.

13 Producción de un texto informativo, registro formal.

ASÍ PUEDES APRENDER MEJOR

CONSULTORIO LINGÜÍSTICO

1 ¿Cuál de las dos maneras de decir esto te parece más culta o más formal?

a. En España se producen quesos de gran calidad. Aun así, su exportación es todavía escasa.
b. En España se hacen quesos muy buenos pero se exportan todavía poco.

a. El turrón es un postre navideño muy típico. Se hace sobre todo con almendras y con azúcar.
b. El turrón es, sin duda, el más típico de los postres navideños en España. Se elabora esencialmente con almendras y con azúcar.

a. En las granjas de Castilla y León hay muchas terneras de la "raza abulense". La carne de este tipo de ternera es muy sabrosa.
b. En las explotaciones agrícolas de Castilla y León abunda la "raza abulense". La carne de dicha variedad es particularmente sabrosa.

a. Nuestros productos presentan diferencias fundamentales con respecto a los de la competencia, particularmente en lo que se refiere a los precios.
b. Nuestros productos son muy diferentes de los de la competencia, sobre todo, en los precios.

a. Los sistemas de recoger la fruta se están modernizando mucho.
b. Los sistemas de recolección de fruta se encuentran en fase de plena modernización.

a. Un número elevado de estudiantes universitarios solicita anualmente becas de estudio en el extranjero.
b. Todos los años muchos estudiantes piden becas para estudiar en el extranjero.

Subraya las diferencias. ¿Qué tipo de diferencias has observado? ¿De vocabulario? ¿De gramática?

2 Oirás a una persona que habla del aceite de oliva, un tema sobre el que ya sabes muchas cosas. Pero la grabación está muy estropeada y no se oye el final de algunas frases. ¿Cómo podrían terminar? Continúalas tú.

2. _____

3. _____

4. _____

5. _____

6. _____

7. _____

1. Ya fue utilizado por los griegos como alimento, como medicina, como cosmético y para encender las lámparas. Por consiguiente, podemos afirmar que el aceite de oliva es un producto muy antiguo.

gente y productos

3 **Vamos a decirlo de otra manera. Sustituye los verbos** ser, estar **y** haber **por otros de la lista y haz las transformaciones necesarias.**

existir	encontrarse	abundar	poder distinguirse	constituir	representar	consistir en

1. En el norte de España **hay** muchos bosques de hoja caduca.

   En el norte de España abundan los bosques de hoja caduca.

2. En esta región **hay** diferentes tipos de vinos: los blancos dulces, los rosados y los tintos.

3. El turismo **es** una de las fuentes de riqueza más importantes de Andalucía.

4. Las campañas publicitarias que hace ADVERTIS **están** entre las mejores y las más originales.

5. Los accidentes de tráfico **son** una de las causas más importantes de mortalidad juvenil.

6. En la actualidad **hay** muchos virus que se han hecho resistentes a los antibióticos.

7. La risoterapia es una psicoterapia: **es** utilizar la risa como método para liberar tensiones.

8. Mil doscientos alumnos han solicitado una beca. **Son** el 34 % del número total.

9. En muchos países, las mujeres **son** ya, hoy en día, la mayoría de la clase médica.

10. **Hay** muchos tratamientos eficaces para combatir el cáncer pero es evidente que la prevención **es** el elemento más importante para reducir el número de afectados por la enfermedad.

Trata tú, ahora, de escribir varias frases sobre cosas o sobre productos existentes en tu país utilizando los verbos de la caja. Explica qué son, donde están, etc.

4 **Piensa en diferentes cosas o personas y las razones por las que te provocan esos sentimientos. Expresa tus razones con** por, **como en el modelo.**

- un actor/una actriz que me gusta mucho: Juliette Binoche.

  Por su físico, por su voz, por su manera de actuar, por su trayectoria como actriz, por su manera de sonreír.

- un establecimiento al que me encanta ir (un bar, un restaurante, una discoteca…) _____

- un producto que consumo a menudo _____

- una prenda de ropa que me hace sentir bien _____

- un objeto del que no puedo prescindir _____

- un personaje público que me cae fatal _____

5 Expresa la causa utilizando por y el sustantivo correspondiente. Haz las transformaciones que creas necesarias.

1. Dejó de estudiar porque estaba enfermo.
   Dejó de estudiar por su enfermedad.

2. Éste es un material muy adecuado para la construcción de automóviles porque es muy resistente a los golpes.

3. Los sindicatos han convocado una huelga porque las compañías aéreas han anunciado que van a reducir de forma importante la plantilla de trabajadores.

4. La Facultad de Medicina va a hacer unas pruebas muy duras de selección de los alumnos porque ha aumentado mucho el número de solicitudes de inscripción.

5. Nuestra empresa perdió su privilegiada posición porque otras empresas mayores entraron en el mercado.

6. En esta zona se consume mucha agua porque ha aumentado el cultivo de maíz y porque no existe una política de aprovechamiento de las aguas pluviales.

7. Han cerrado la calle principal del pueblo porque se celebra la fiesta local y hay un desfile con música tradicional.

8. En España han desaparecido muchas aves porque se han utilizado indiscriminadamente muchos pesticidas que han acabado con muchas especies de insectos.

6 Inserta los elementos de los globos en las frases. A veces, hay varias posibilidades. Señálalas y observa si hay entre ellas alguna diferencia. Léelas en voz alta prestando especial atención a las pausas y a la entonación.

1. Las industrias que siguen teniendo grandes beneficios deberían hacer más contratos de trabajo.

a pesar de la crisis económica

- Las industrias que, a pesar de la crisis económica, siguen teniendo grandes beneficios deberían hacer más contratos de trabajo.
- Las industrias que siguen teniendo grandes beneficios, a pesar de la crisis económica, deberían hacer más contratos de trabajo.

2. La soja es un alimento natural que presenta numerosos beneficios para la salud.

según los expertos

sin duda alguna

3. El descubrimiento de una vacuna contra el SIDA es un reto muy importante para la investigación médica.

a pesar de las declaraciones del ministro

5. No está claro que el Gobierno tenga intención de bajar el precio de los medicamentos.

4. Se están produciendo muchos casos de complicaciones en operaciones de cirugía estética, incluso en aquellas relativamente sencillas.

según la prensa especializada

incluso los que se destinan a un público infantil

7. La exportación de vinos españoles sigue aumentando de forma considerable.

aun a pesar de haber subido mucho los precios

6. Los videojuegos son extremadamente violentos.

8. Los estudiantes reclaman una mayor presencia de las humanidades en los planes de estudio.

en particular los de economía

 Escucha ahora, prestando especial atención a las pausas, cómo han pronunciado estas frases una serie de personas.

7 Une en una sola frase las ideas de cada grupo usando las partículas: pero, a pesar de, aunque y aun así. **Haz las transformaciones necesarias.**

- No existe un gran mercado de trabajo para los biólogos.
- Un número importante de estudiantes solicita la entrada en la Facultad de Biología.

A pesar de la no existencia de un gran mercado de trabajo para los biólogos, un número importante de estudiantes solicita la entrada en la Facultad de Biología.

- Señores, es cierto que cada día serán más importantes los soportes electrónicos para la transmisión de información.
- En mi opinión, durante bastante tiempo, seguiremos utilizando, de forma importante, los libros en papel.

- Hay crisis en el sector turístico.
- Siguen construyéndose hoteles en las zonas costeras.

- Voy a ver a Pamela en mi oficina.
- No voy a tener mucho tiempo para hablar con ella. Tenemos una reunión toda la tarde.

- Chica, sigo sin entender por qué se ha enfadado tu hermana.
- No tengo ganas de hablar con ella del tema.

- La oposición sabe que no tiene ninguna posibilidad de ganar la votación.
- Ha presentado una moción de censura.

- Oye, ponte un abrigo.
- Ahora hace calor.
- Por la noche refresca mucho.

Analiza en cada caso qué partícula te ha parecido más adecuada y por qué. Para ello, reflexiona sobre el registro de cada frase e imagina un contexto en el que podría haber sido utilizada.

● El primero podría ser un fragmento de un artículo de periódico.

8 ¿Dónde podríamos colocar los adverbios de la lista? Trata de no repetir ninguno.

fundamentalmente	esencialmente	prácticamente	efectivamente	naturalmente	exclusivamente
especialmente	principalmente	particularmente	íntegramente	realmente	perfectamente

inevitablemente   concretamente   evidentemente

1. Los vinos que se producen en España se hacen _____ con la variedad de uva Tempranillo pero no _____. En algunas zonas también se cultiva Garnacha, Cabernet, Sauvignon y también, _____, otros cepajes típicamente españoles: Macabeo, Albariño, Xarello, Parellada, etc.

2. Este pan está elaborado _____ con harina biológica y es _____ recomendable para aquellas personas que hayan manifestado alguna alergia a las harinas normales.

3. Le dijeron que tenía una enfermedad grave y que precisaría de una larga temporada de recuperación. Y _____ tuvo que estar varios meses ingresado, _____ por los problemas respiratorios derivados de la enfermedad.

4. En España cada día está más aceptado socialmente el divorcio, _____ en las zonas urbanas.

5. La automedicación es muy peligrosa, _____ si el paciente toma ya otros medicamentos.

6. CHULISYGUAYS es una empresa de importación de ropa juvenil. Se dedican _____ a importar confección de Asia pero no _____. También distribuyen algunas marcas de Latinoamérica, _____ moda brasileña.

7. A mí me parece _____ sorprendente que este programa de Tele 9 haya tenido tanto éxito. Pero _____ gusta a la gente. ¡Lo han visto más de ocho millones de espectadores!

8. La cocina vietnamita es _____ desconocida en España. En realidad la mayoría de los restaurantes orientales son chinos y japoneses.

9 Ya sabes que de muchos verbos podemos derivar sustantivos. Trata de encontrar los correspondientes a los de la primera columna. Fíjate en que algunos de esos sustantivos son femeninos y otros, masculinos. ¿Cuáles? ¿Puedes formular alguna regla?

VERBO	SUSTANTIVO	Masc	Fem
obtener	obtención		
elaborar			
consumir			
reducir			
fabricar			
producir			
transportar			
presentar			
envasar			
etiquetar			
usar			
utilizar			
preparar			
satisfacer			
almacenar			
probar			

○ Los terminados en _____ son siempre

_____

Los terminados en _____ son siempre

○ _____

ROLANDO es una conocida marca de salsa y de zumo de tomate. Ha encargado el guión de un publirreportaje a una agencia, y han preparado una lista de informaciones que quieren resaltar en la campaña. ¿Puedes reescribir el texto utilizando sustantivos como los de la tabla?

- Nuestros productos **se elaboran** con los mejores tomates.
- Los tomates **se cultivan** en las mejores tierras de Levante, en un clima privilegiado, lo que garantiza su excelente sabor.
- De estos tomates **se obtiene** el zumo a partir de técnicas modernas pero naturales. Por eso nuestros productos son tan sanos.
- En nuestra empresa **se modernizan** incesantemente las técnicas de producción. Y así conseguimos ahorrar energía y ser una empresa ecológica.
- En nuestro país cada día **se consumen** más los productos naturales y de calidad.
- Nuestros productos **se utilizan** para cocinar cualquier tipo de plato con tomate: cocina italiana, española, mexicana; pizzas, arroces, pastas, salsas…
- Garantizamos que no **se incorporan** conservantes ni colorantes y que **se respeta** el medio ambiente para el cultivo de nuestras materias primas. Se excluyen pesticidas y abonos nocivos para el medio ambiente.
- **Se fabrican** y **se envasan** con los métodos más modernos y más respetuosos con el medio ambiente.

La elaboración de nuestros productos se realiza...

ROLANDO
de la huerta valenciana a tu mesa

⑩ En un texto bien redactado no es aconsejable repetir palabras. ¿Cómo transformarías el siguiente texto para evitar las repeticiones resaltadas en negrita?

Señoras y señores, muy buenas tardes. De forma muy breve, quisiera hablarles esta tarde de los **vinos chilenos.** Los **vinos chilenos** se están convirtiendo en uno de los productos más importantes para la exportación. Desde el punto de vista económico, en la actualidad, somos especialmente optimistas: efectivamente, estamos obteniendo **vinos** con una excelente relación precio-calidad. Chile exporta cada vez mayor cantidad de **vino.** El año pasado la exportación de **vinos** se acercó a los 800 millones de dólares; pero no solo hablamos de la cantidad de **vino,** sino de la calidad de los **vinos chilenos.** La calidad del **vino chileno** está conquistando un puesto importante en los mercados internacionales y en los paladares de los aficionados a los **vinos.** Prueba de ello es que cada vez son más los hoteles y los restaurantes que cuentan en sus cartas de **vinos** con una buena muestra de **vinos chilenos** que hasta hace poco eran prácticamente desconocidos entre los consumidores de **vinos.**

Esto significa que los productores de **vinos** deben seguir elaborando **vinos** de calidad para no defraudar a un mercado en desarrollo (…)

Uno de los recursos para evitar la repetición de un término es utilizar otros que en el contexto lo puedan sustituir; o bien, elidir ese término o utilizar algún pronombre. En éste, por ejemplo, podemos **decir** el vino, este producto, este importante sector de la exportación, los caldos, **etc.**

¿Qué podríamos utilizar en un texto que hablara de los siguientes temas? Puedes usar el diccionario.

coches

Este medio de transporte, los vehículos, el sector automovilístico...

naranjas

libros

ordenadores

11 ¿Puedes reconstruir esta conferencia? Ordena primero los diferentes párrafos dentro de cada bloque (A, B y C) según el orden que creas más coherente y, después, reconstruye cada parte del texto utilizando los conectores de la lista.

como probablemente muchos de ustedes saben		por otra parte	también	aunque
en cuanto a las formas de prepararlo		en cuanto a los efectos de la yerba mate		
por todo ello	en cuanto a sus propiedades químicas		por consiguiente	buenas tardes

A

… la yerba mate es similar al té verde, aunque mucho más nutritiva.

… Su estructura química es similar a la de la cafeína, pero, en cambio, no tiene efectos negativos sobre el organismo.

… Cantidades significativas de potasio, sodio, magnesio y manganeso están presentes tanto en las hojas como en la infusión. También contiene numerosas vitaminas, en particular la B1, B2, CA y otras muchas.

… la mateína, sustancia química de la familia de las xanteínas, también es propia de la yerba mate.

… la mateína, como la cafeína, es estimulante del sistema nervioso y promotor de la actividad mental, es diferente de esta última por no perturbar el sueño…

… Los efectos benéficos y terapéuticos de la yerba mate, verificados a través de siglos de observación y utilización, fueron confirmados por numerosos estudios científicos.

… también se observan cambios en el comportamiento, tales como un aumento de energía y vitalidad, mayor capacidad de concentración, disminución del nerviosismo y mayor resistencia a la fatiga física y mental. Del consumo de este producto suele resultar una mejora en el ánimo, especialmente en casos de depresión.

B

… Así lo preparan tradicionalmente en Argentina y más que una simple bebida es, para los aficionados, un rito y un arte que se vive a diario.

… La infusión se logra "cebando" con agua caliente, nunca hirviendo, y se bebe con una bombilla, que es un tubito de metal que posee un filtro en su extremo inferior para evitar que pase la yerba.

… existen fundamentalmente dos maneras: el mate cebado y el mate cocido, aunque hay para cada una de ellas multitud de variantes.

… El mate cebado, como ven en el gráfico, se suele preparar en lo que se llama propiamente "mate", que es una pequeña calabaza, llena de yerba mate.

… Se puede disfrutar ya sea caliente o helado y se prepara con yerba mate suelta o envasada en saquitos y, según los gustos, se puede endulzar con azúcar o miel, y añadiéndole leche se convierte en una bebida ideal para los niños.

C

… Agradable a toda hora, es para América el equivalente del café en los Estados Unidos o al té en Gran Bretaña y China…

… El mate cocido es la infusión que se prepara con las hojas molidas de la yerba mate. Como tantas otras infusiones, se bebe en una taza o en recipientes especiales.

… la yerba mate es un cultivo que ha sido desarrollado exclusivamente en la zona comprendida entre el sur del Paraguay, de Brasil y la provincia de Misiones y el noreste de la provincia de Corrientes en la Argentina.

Ahora, debes decidir en qué orden es más lógico presentar la información, es decir, cómo secuenciarías A, B y C. Al final, conecta los tres bloques.

… Por ser una bebida sana, estimulante y de un sabor inigualable, el mate es consumido por millones de sudamericanos.

12 ¿Cuáles son, a tu entender, algunas de las causas o de las consecuencias de estos hechos?

1. Parece demostrado que el ácido acetil salicílico puede resultar útil en la prevención del infarto.
   Muchos enfermos de corazón toman una aspirina cada día.

2. El índice de crecimiento demográfico de España es uno de los más bajos del mundo.

   _____

3. Muchos científicos sostienen que es incuestionable la relación entre el deterioro medioambiental y el cambio climático.

   _____

4. Muchos niños de los países occidentales tienen índices elevados de colesterol.

   _____

5. La televisión y los videojuegos proporcionan a los niños gran cantidad de imágenes violentas.

   _____

Ahora, relaciona las parejas de frases usando las siguientes partículas.

> **TRATA DE UTILIZAR**
>
> (y) la razón por la que esto ocurre es que
>   es por esta razón (por la) que
>   es por ello (por lo) que
>   por consiguiente
>   por tanto
> por esta causa
> debido a ello
> tanto es así que

• Parece demostrado que el ácido acetil salicílico puede resultar útil en la prevención del infarto. Debido a ello, muchos enfermos de corazón toman una aspirina cada día.

13 Imagina que tienes que dar en una empresa una pequeña charla sobre los plásticos, a partir de las informaciones que aparecen a continuación. Selecciona aquellas que te parezcan más relevantes y prepara un pequeño texto conectándolas y organizándolas de modo que quede bien estructurado y cohesionado. Deberás añadir conectores que unan frases, organizadores discursivos que te permitan pasar de un tema a otro, etc.

> **EL INVENTOR**
> ■ Alexander Parkes (1813-1890) fue el químico inglés que descubrió que al disolver celulosa parcialmente nitrada en alcohol y éter, en el que se había vertido alcanfor, se originaba un compuesto sólido y duro.
> ■ Era sumamente maleable por la acción del calor.
> ■ Presentó el material, el parkesine, en la Feria Internacional de 1862.
> ■ Obtuvo una medalla.
> ■ Su descubrimiento pasó, en principio, inadvertido.
> ■ No se le ocurrió ninguna aplicación práctica.

¿QUÉ SON LOS PLÁSTICOS?

- Son materiales sintéticos.
- Al ser calentados, se ablandan sin perder cohesión.
- Se les puede dar diversas formas y obtener otras nuevas al ser enfriados.
- Están compuestos por moléculas gigantes.
- Estas moléculas se llaman polímeros (compuestos químicos formados por polimerización).
- Las moléculas de los plásticos están formadas por larguísimas cadenas de carbono enlazadas entre sí.
- La teoría de los polímeros fue establecida en un artículo que publicó en 1922 el alemán Hermann Staudinger.
- En este artículo se mostraban las largas cadenas de una unidad básica molecular –el isopreno–, que forma el caucho.

APLICACIONES

- Las aplicaciones de los plásticos son múltiples y variadas.
- Se fueron ampliando a medida que se desarrolló la industria química.
- Se llegó a la conclusión de que se podían obtener numerosos productos químicos órganicos del petróleo.
- Los plásticos son productos relativamente nuevos.
- Son indispensables en diferentes ámbitos.
- Desde el hogar hasta las industrias más diversas: electrónica, textil e incluso en medicina.
- Sus propiedades y su bajo coste lo han convertido en un material imprescindible: se emplea en superficies, suelos, envases o bolsas, utensilios antiadherentes, aislantes…
- La gran variedad de plásticos ha resultado ser una ayuda inestimable en medicina.
- Se utilizan en la elaboración del material de sutura, en las válvulas del corazón o en las de drenaje, en las lentes implantadas en una operación de cataratas, en las operaciones de hernia o en la reparación de arterias.

PROBLEMAS

- La producción y el consumo de plásticos aumenta día a día.
- Este año se han producido en nuestro país 3,2 millones de toneladas de este material (un 10% más que en el año anterior).
- Uno de los graves problemas que plantea el uso de plásticos son los residuos, de difícil y costoso reciclado.
- No hay suficiente población concienciada de la necesidad de reciclar el plástico y de reducir su consumo.

Así puedes aprender mejor

 Escucha estas grabaciones y reflexiona sobre las siguientes cuestiones:

- ¿En qué lugar crees que se desarrolla cada una de estas intervenciones?

- ¿Qué relación tiene en cada caso el que habla con el/los destinatario/s?

- ¿Crees que utilizan un tipo de lengua adecuado a la situación? ¿Con qué intención?

Ahora, trata de reformular las frases de modo que transmitan el mismo mensaje pero en una forma adecuada a otro contexto, que debes describir.

Utilizar correctamente una lengua no es solamente manejar bien las reglas gramaticales, sino ser capaz de adecuarnos a la situación de comunicación en la que nos encontramos: con quién estamos, en qué lugar, de qué tema estamos hablando, etc. Claro está que lo que se considera "adecuado" es diferente en cada cultura. Además, muy frecuentemente, rompemos deliberadamente con este principio para crear en nuestro interlocutor un cierto efecto, por ejemplo, cómico.

113

FORMACIÓN DE PALABRAS (III): SUSTANTIVOS DERIVADOS DE VERBOS

elaborar: la **elaboración**   transportar: el **transporte**   almacenar: el **almacenamiento**

• • •○ Son femeninos los terminados en **-ción/-cción/-sión** y significan normalmente el proceso o el resultado de la acción expresada por el verbo correspondiente.

   la fabrica**ción**, la produ**cción**, la redu**cción**, la preci**sión**, etc.

En muchos casos, la raíz sufre modificaciones, especialmente cuando se trata de verbos de la 2ª y 3ª conjugación (**-er, -ir**).

   disolver: la **disolución**   corromper: la **corrupción**
   inscribir: la **inscripción**   elegir: la **elección**   pedir: la **petición**

• • •○ Alternan las formas **-ción/-cción/-sión**.

VERBOS EN	EL SUSTANTIVO SE FORMA CON	
-dir/-der	**-sión**	divi**dir**: la divi**sión**, conce**der**: la conce**sión**
-ptar	**-pción**	ado**ptar**: la ado**pción**
-ctar	**-cción**	reda**ctar**: la reda**cción**, infe**ctar**: la infe**cción**
-gir/ger	**-cción**	diri**gir**: la dire**cción**, prote**ger**: la prote**cción**

• • •○ Hay, además, muchas otras formas de derivación. Estos otros sustantivos derivados de verbos son en su mayoría masculinos.

   almacenar ——→ el **almacenamiento**
   consumir ——→ el **consumo**
   cultivar ——→ el **cultivo**
   envasar ——→ el **envasado**
   etiquetar ——→ el **etiquetado**
   transportar ——→ el **transporte**
   usar ——→ el **uso**

   Pero:
   probar ——→ la **prueba**, citar ——→ la **cita**

POSICIÓN DEL ADJETIVO CALIFICATIVO

La posición más habitual de un adjetivo es después del nombre, pero los adjetivos calificativos pueden ir delante o detrás. Cuando van detrás, tienen un valor especificativo: el nombre al que se refiere queda identificado por la propiedad del adjetivo.

Vino Carlos con su **pequeño** coche. (=su coche es pequeño)
Vino Carlos con su coche **pequeño**. (=tiene varios coches y vino con el pequeño)

Por eso suele ponerse delante siempre que se quiere resaltar una cualidad de algo ya identificado. Es, por ejemplo, muy frecuente en el lenguaje publicitario.

El **nuevo** modelo de cámara TIMSON es el más sofisticado del mercado.

La anteposición es también, a veces, la marca de un registro más formal o culto.

unas **excelentes perspectivas** para el turismo rural
los **nuevos mercados** de los productos españoles
las **últimas tendencias** de la moda
una **originalísima campaña** de lanzamiento

EXPRESAR CAUSA

Este modelo ha tenido mucho éxito
Le dieron un premio

por + *SUSTANTIVO*
por su original **diseño**.
(=porque es muy original)

debido a/gracias a + *SUSTANTIVO*
debido a su original **diseño**.
(=porque es muy original)

debido a que/gracias a que + *ORACIÓN*
gracias a que tiene un original diseño.
(=porque es muy original)

debido a lo/gracias a lo + *ADJETIVO*
Debido a lo original de su diseño.
(=porque su diseño es muy original)

¿Por qué te gusta tanto?

Por su carácter, por su inteligencia, por su manera de vestir...

RELACIONES DE CAUSA-EFECTO

EFECTO   *CAUSA*
El aceite ayuda a prevenir enfermedades **porque** reduce el nivel de colesterol

• • • ◉ Cuando la información está presupuesta o ya es conocida:

CAUSA
Como reduce el nivel de colesterol,
Dado que reduce el nivel de colesterol,
Puesto que reduce el nivel de colesterol,

EFECTO
ayuda a prevenir enfermedades cardíacas.

CONTRAPONER INFORMACIÓN: CONSTRUCCIONES CONCESIVAS

• • • ◉ Para contraponer una información con otra que consideramos la previsible o la normal.

La situación del sector es difícil
pero, aun así,
a pesar de ello,
sin embargo,

SUSTANTIVO/INFINITIVO
A pesar de la difícil situación del sector,
ser una empresa pequeña,

Aunque la situación del sector **es/sea** difícil,
A pesar de que la situación del sector **es/sea** difícil,

T.A.U ha obtenido buenos resultados.
(=lo previsible, con una situación difícil en el sector o con un tamaño tan pequeño, es que no haya obtenido buenos resultados)

···◉ Cuando la información introducida por **aunque** o **a pesar de que** es presentada por el hablante como nueva, el verbo va en Indicativo.

> **Aunque es** de mala calidad, se sigue consumiendo.
> (el hablante está informando de que "es de mala calidad")

> A **pesar de que produce** muchos efectos secundarios, muchos médicos recetan este fármaco.
> (el hablante está informando de que "produce efectos secundarios")

···◉ Cuando el hablante no quiere pronunciarse sobre si sucede o no la acción introducida por **aunque** o **a pesar de que**, el verbo va en Subjuntivo.

> ● Yo creo que los platos precocinados son muy artificiales.
> ○ Sí, pero, aunque **sean** de mala calidad, se consumen cada vez más.
> (el hablante no dice si son o no de mala calidad)

···◉ Cuando la oración concesiva se refiere a una acción que puede ocurrir en el futuro, solo es posible el Subjuntivo: Presente, Perfecto o Imperfecto.

> Aunque este año **hubiera** una buena cosecha de oliva,
> (momento actual, afirmo que no la hay, o que la probabilidad de que la haya es mínima)
>
> Aunque este año **haya** una buena cosecha de oliva,
> (no me pronuncio, momento actual o futuro)
>
> Pero:
> Aunque este año **hay** una buena cosecha de oliva,
> (afirmo que la hay, en el momento actual)

los precios del aceite no bajarán.

ADVERBIOS ACABADOS EN -MENTE

Muchos adverbios terminados en **-mente** sirven para expresar cómo se realiza una acción (y significan lo mismo que el adjetivo del que proceden). Otros tienen significados diferentes o juegan un papel como organizadores discursivos.
En el primer caso, suelen ir junto al verbo o junto al adjetivo al que modifican; no se separan por comas en el escrito ni con pausas en la lengua oral.
En el segundo caso, suelen ir al principio o al final de la frase, y separadas, por comas o por pausas entonativas.

···◉ Para reforzar una afirmación.

> Indudablemente,
> Efectivamente,
> Indiscutiblemente,   *éste es un producto de muy buena calidad.*
> Verdaderamente,
> Realmente,

• • • ○ Para señalar evidencia.

Él no tuvo la culpa y, **naturalmente, evidentemente, obviamente** } tendrá que pagar la compañía de seguros.

• • • ○ Para destacar o concretar.

Falta descubrir todavía vacunas eficaces, { **concretamente, esencialmente, fundamentalmente, especialmente, principalmente,** } contra algunas enfermedades tropicales.

• • • ○ Para terminar.

Finalmente, quería agradecerles la atención que me han prestado.

• • • ○ Para introducir un determinado punto de vista.

Personalmente, Humanamente, Técnicamente, Pedagógicamente, ... } opino/creo/pienso que esto no es correcto.

A veces se usa: **Filosóficamente hablando, científicamente hablando...**

• • • ○ Para introducir valoraciones.

Afortunadamente, Felizmente, no hubo víctimas.

Desgraciadamente, no hay tratamiento para esta enfermedad.
Lamentablemente, el vuelo ha sido cancelado.

• • • ○ Para destacar excluyendo otros elementos.

Está fabricado { **únicamente exclusivamente íntegramente** } con productos biológicos.

• • • ○ Para intensificar una cualidad.

Es un tipo de verdura { **especialmente particularmente** } indicada para las personas con anemia.

Es un edificio **perfectamente** diseñado para personas con minusvalías.

Es un periódico { **absolutamente totalmente verdaderamente realmente** } independiente.

29-30-31-32 CONSULTORIO LINGÜÍSTICO

•••○ Para expresar frecuencia o tiempo

Habitualmente,
Generalmente,
Excepcionalmente,
Frecuentemente,
Normalmente,   } vienen a visitarnos nuestros hijos.
Mensualmente,
Anualmente,
Últimamente,
...

ORGANIZADORES DISCURSIVOS

•••○ Referirse a aspectos de un tema.

En cuanto a
Con respecto a   } la composición química, este producto no
En lo que se refiere a   contiene cloro.

Desde el punto de vista nutricional/gastronómico/ecológico/..., es excelente.

•••○ Aclarar, reformular.

Está demostrado el alto valor nutricional y terapéutico de la soja,...

... esto es, sus indudables beneficios para la salud.
... es decir, se han probado sus indudables beneficios para la salud.

•••○ Extraer consecuencias.

El tabaco es una de las principales causas de cáncer.

Por tanto,
Por consiguiente,
Tanto es así, que   } las autoridades sanitarias deben
Es por ello (por lo) que   hacer planes de prevención.
Es por esta razón (por la) que

La gente come cada vez más comida rápida.

Esto quiere decir que   } la mayor parte de la población se alimenta
Esto significa que   incorrectamente.

•••○ Contraponer datos.

En Europa central y del norte se consumen muchas grasas de origen animal.
Por el contrario, en los países mediterráneos se cocina principalmente con
aceite de oliva.

•••● Concretar, ejemplificar.

Me encantan las películas españolas, **por ejemplo**, las de Almodóvar.

He ido a Italia dos veces, **en concreto**, a Sicilia y a la Toscana.

Me interesan mucho las nuevas tecnologías, **en particular**, Internet.

ALUDIR A UN TEMA YA MENCIONADO

En los textos, para referirnos a algo (una palabra, un concepto, un argumento...) ya presentado en el discurso utilizamos recursos como:

PRONOMBRES PERSONALES
Hemos tomado un queso buenísimo de La Mancha. **Lo** trajo Félix de Ciudad Real.
Hemos traído un queso buenísimo de La Mancha para Félix. **Le** va a encantar.

PRONOMBRES Y ADJETIVOS DEMOSTRATIVOS
Los quesos de leche de oveja de La Mancha son de una excelente calidad.
Esto, sin embargo, todavía no es suficientemente conocido fuera de las fronteras españolas.

La ciudad de Zamora es conocida, entre otras cosas, por su Semana Santa. Pero **esta** ciudad se distingue, además, por tener uno de los mejores quesos de oveja.

ADJETIVOS QUE SE REFIEREN A LO QUE YA SE HA MENCIONADO
Los quesos de leche de oveja de La Mancha son de una excelente calidad.

Dicho tipo de quesos, están garantizados por la denominación de origen...
Los mencionados quesos...

SUSTITUCIONES CON OTRAS PALABRAS
Los quesos de leche de oveja de La Mancha son de una excelente calidad.

Este producto artesano...
Estos derivados lácteos...
Esta excelente muestra de la tradición gastronómica manchega...

VERBOS CON PREPOSICIÓN (IV)

BASARSE EN	La película **se basa en** el último libro de Antonio Pérez.
CONSISTIR EN	La nueva política del gobierno **consiste**, básicamente, **en** la privatización de la Sanidad Pública.
CONTRIBUIR A	Tanta presión mediática **ha contribuido al** fracaso de nuestra empresa.
PROCEDER DE	Yo, desde luego, no me creo que el hombre **proceda del** mono.
REFERIRSE A	No **me refiero a** los problemas sociales, sino a los políticos.
SERVIR PARA	El móvil **sirve para** estar localizable en cualquier momento y en cualquier lugar.
TRATAR DE	Él **trató de** explicárselo, pero ella no quería escucharle.
ESTAR A PUNTO DE	Cuando **estaban a punto de** llegar los invitados, se dio cuenta de que no tenía arroz para hacer la paella.

gente y culturas

Aquí encontrarás:

EJERCICIOS

1 Referirse a costumbres colectivas. Verbo **soler**.

2 Referirse a costumbres colectivas y comparar costumbres entre diferentes culturas.

3 Deshacer malentendidos.

4 Hablar de las costumbres propias. **Lo más frecuente/ normal**. Verbo **soler**.

5 Fórmulas de despedida: **que + Subjuntivo**.

6 Hábitos y costumbres culturales en el mundo de los negocios. Mostrar desacuerdo: **No es que...**

7 Producción escrita de un texto irónico.

8 Aconsejar sobre comportamientos en algunos actos sociales. y recomendaciones.

9 Deshacer malentendidos. Relatar una anécdota.

ASÍ PUEDES APRENDER MEJOR

CONSULTORIO LINGÜÍSTICO

1 Preparar y comerse una paella es algo típico en España, pero... ¿en qué consiste realmente esta costumbre?

La preparan normalmente los hombres. ☐
La suelen preparar las mujeres. ☐
Depende de las familias. ☐

Lo más normal es que sea plato único. ☐
Es el plato principal pero se suelen comer otras cosas. ☐

Se suele pagar entre todos. ☐
Suele invitar el dueño de la casa. ☐

Se come en casa principalmente. ☐
Se suele comer en casa o en el restaurante. ☐

Normalmente se come a mediodía. ☐
Lo más frecuente es comerla por la noche. ☐

Hay paellas caras y baratas. ☐
Suele ser un plato caro. ☐
Siempre es un plato barato. ☐

Se prepara cuando hay algo que celebrar. ☐
Puede prepararse un domingo cualquiera como pretexto para reunirse. ☐

Compara tus respuestas con las de un compañero, y decidid qué hipótesis son más acertadas.

Ahora, puedes preparar una serie de informaciones sobre alguna costumbre típica de tu país: un tipo de reunión familiar o de comida, alguna fiesta popular, etc.

2 Nada es totalmente posible o imposible en una cultura, pero sí hay ciertas tendencias. ¿Se suelen o no se suelen hacer las siguientes cosas en tu cultura? ¿Se puede o no se puede? Discútelo con algún compañero.

	en mi país	en algún otro país que conozco
Descalzarse al entrar en una casa.		
En casa de un amigo, tomar algo de la nevera sin pedir permiso.		
Entre compañeros de trabajo, pedir dinero prestado.		
En un local público, besar a tu novia/o.		
Tutear a un profesor.		
Preguntar a alguien a qué partido vota.		
Preguntar a un amigo cuánto gana.		
Pedir prestado algo de comida a un vecino.		

3 Las cosas no son siempre lo que parecen. Usando los recursos del cuadro, termina las frases tratando de prevenir conclusiones falsas que podría sacar el interlocutor.

> **TRATA DE UTILIZAR**
>
> **no creas que**
> **no vayas a pensar que** + Indicativo + **lo que pasa es que** + Indicativo
>
> **no es que** + Subjuntivo   **sino que**
>   **es que**   + Indicativo
>   **lo que pasa es que**

1. Sí, he sacado muy malas notas en el primer trimestre, pero no creas que siempre me va tan mal, lo que pasa es que últimamente no tengo mucho tiempo.

2. Hilario, cuando lo conoces, no te cae bien, pero…

_____

3. Tienen un buen coche, una casa en un barrio muy caro; viajan mucho. Pero…

_____

4. Habla con mucha seguridad y parece como si fuera muy culto pero…

_____

5. Ha estado un poco agresivo contigo, es cierto, pero…

_____

6. Es una película con muy buenos actores, hecha con mucho presupuesto, pero…

_____

7. A primera vista parece una chica un poco tímida, pero…

_____

8. Cuando se fue a Finlandia a vivir, todo el mundo pensaba que se arrepentiría, pero…

_____

4 Piensa en algunos aspectos de tu cultura. ¿Cómo se los explicarías a un español o a un latinoamericano? Utiliza los recursos del cuadro.

> **TRATA DE UTILIZAR**
>
> **lo más frecuente/normal** es (que)…
>
> **se suele/solemos/…**
> **la gente suele…**

¿Antes de una boda, se hace alguna fiesta? ¿Quién participa? ¿Dónde se hace y qué se hace? ¿Cuántos invitados van? ¿Cuántos días dura una boda?

¿Qué se hace si alguien está en un hospital?

¿Son importantes los cumpleaños? ¿Los de todo el mundo por igual?

¿Cuál es la fiesta más familiar del año para ti?

¿Celebráis la Navidad? ¿Cómo se celebra?

¿Se celebra mucho un nacimiento?

¿Cómo se recibe en una familia la noticia de que alguien decida casarse con un/a extranjero/a?

5 Escucha a estas personas que se despiden. ¿Cómo reaccionarías tú usando las fórmulas de despedida con **que + Subjuntivo**?

¡Que os vaya todo muy bien!

1. Bueno…, pues, adiós y …

2. Pues venga, …

3. Bueno, adiós y …

4. Adiós y …

5. Hasta mañana, …

6. Bueno, adiós y …

6 Lee esta entrevista a Elisabeth Marx sobre los diferentes hábitos y valores culturales en los negocios. ¿Conoces a personas de los países que se mencionan? Localiza afirmaciones que creas que se basan en estereotipos. Luego, matízalas o manifiesta tu desacuerdo usando: No es que…

Ahora, imagina que La Vanguardia te entrevista a ti. Escribe un pequeño texto sobre cómo son los hombres o las mujeres de negocios en tu país en cuanto a los temas que se plantean en la entrevista u otros que te parezcan interesantes.

LA VANGUARDIA

SÁBADO, 16 OCTUBRE

ENTREVISTA A ELISABETH MARX, CONSULTORA EN SELECCIÓN DE DIRECTIVOS INTERNACIONALES

Convivir con diferentes culturas

Elisabeth Marx, psicóloga de formación, se ha especializado en la selección y en la gestión de directivos internacionales. Autora del libro ***Breaking through cultural shock*** (Nicholas Brealey Publishing, 1999), retrata las peculiaridades de los directivos internacionales según su nacionalidad y advierte sobre la importancia de conocer las normas no escritas en distintas culturas empresariales.

- Británicos, alemanes, franceses…, ¿qué nacionalidades están mejor posicionadas para triunfar en una carrera internacional?
- Sin pretender caer en estereotipos, no se puede negar que existen culturas empresariales que son bastante características en determinados países.
Los británicos son muy flexibles y pueden manejarse muy bien con la ambigüedad. Pero algunas personas los encuentran demasiado

ambiguos y se desconciertan porque nunca saben lo que está pasando.
En cambio, los alemanes son muy directos, muy organizados, se programan mucho, lo que los hace muy fiables, y a muchos hombres de negocios internacionales eso les gusta. Si un alemán

> "LA IMPORTANCIA DE CONOCER LAS NORMAS NO ESCRITAS EN DISTINTAS CULTURAS EMPRESARIALES"

dice: "Eso está hecho", significa generalmente que el tema está resuelto. Pero al mismo tiempo son muy inflexibles, si cambia el programa previsto no les gusta nada y no saben qué hacer.
Los franceses también son muy flexibles. Son buenos improvisando, pero cuando hacen una presentación en una conferencia

internacional, por ejemplo, les gusta cuidar la expresión y hacer discursos bien elaborados, y sus intervenciones están repletas de hipótesis, lo que a menudo confunde a sus interlocutores internacionales, que no acaban de entender el discurso.

- ¿Qué ocurre cuando están todos juntos en una reunión de trabajo?
- El británico intenta básicamente ser una persona que se acomoda, al francés le encanta debatir y el alemán insiste en ajustarse al orden del día hasta el último punto.
- ¿Y el estadounidense?
- Él dice: "Estas son mis condiciones, aquí está el acuerdo, y yo salgo en avión mañana por la mañana".
- ¿Y el japonés?
- Solo habla cuando se le pide explícitamente su opinión. Y no toma decisiones como persona individual, sino como integrante de un grupo. En una reunión, un estadounidense tiene poder para decidir sobre un acuerdo, pero el japonés primero

tiene que hablar con el resto del grupo.
- ¿Y el español?
- El español necesita primero conocer un poco a la persona con la que va a tratar, establecer una relación y confiar en ella, antes de empezar a hablar de negocios.
En resumen, es un escenario potencial de falta de comunicación y de conflictos culturales.
- ¿Y peculiaridades de algunos de los países?
- En Alemania, una jornada laboral larga se interpreta como que la persona no tiene capacidad para acabar su trabajo dentro del horario laboral. Y el humor no es bien acogido en los negocios.
- En Francia, las comidas de trabajo de dos o tres horas son normales, pero se debe esperar a hablar de negocios después de los postres. En Estados Unidos, el salario ayuda a definir un estatus social y no tienen reparos en preguntar a la gente cuánto gana.

Texto adaptado **123**

7 Lee esta peculiar visión de las Navidades en España. Ve señalando aquellas partes del texto donde encuentres alguna referencia cultural que no entiendas. ¿A qué crees que se refieren? Escríbelo.

Cómo llegar al 7 de enero

Quim Monzó

Con la ternura y la acidez que siempre empapan sus sorprendentes relatos, esta Navidad Quim Monzó convierte su artículo semanal en una eficaz guía para manejarse y sobrevivir a todos los tópicos propios de estas fechas.

LOS PARIENTES

Las fiestas navideñas –que encadenan un continuo de cenas y comidas que empieza el 24 de diciembre y acaba el 6 de enero– te hacen ver a parientes que ignoras el resto del año. Lo razonable sería decir: si no los ves durante el resto del año y vives la mar de feliz, es que en el fondo –la sinceridad ante todo– no hay ninguna necesidad de verse. ¿Por qué, pues, forzar las cosas? ¿Por qué esos abrazos sin ganas, esas sonrisas de mármol y esos besos en el aire, a tres centímetros de mejillas maquilladas en exceso?

LA LOTERÍA

Imprescindible comprar participaciones en todos los bares, tiendas y empresas en los que, por un motivo u otro, el ciudadano ponga los pies durantes estos días. El razonamiento motor es: ¿y si el gordo de Navidad toca ahí? El ciudadano sabe que entonces verá por la tele la alegría de los afortunados y reconocerá el bar, tienda o empresa y pensará que fue idiota por haber estado ahí y no haber comprado un poco de lotería.

LAS UVAS

La forma en que cada uno se prepara para comer las uvas en Nochevieja retrata a la perfección su carácter, tanto como la grafología o la forma de peinarse. Los hay que, en un platito, pelan cuidadosamente cada uva para, luego, cuando empiecen a sonar las campanadas, no tener que ir escupiendo las pieles. Los hay que las comen tan rápidamente que ya han acabado y resulta que aún quedan cuatro o cinco campanadas por sonar. Otros van lentos, o participan del ritual con desgana tan evidente que ya han sonado las doce campanadas y ellos aún van por la tercera uva.

LA SOBREMESA

Por si, estos días, no tuviese suficiente con las comidas, a la que acaban sobreviene la fatídica sobremesa. En épocas menos obtusas, tras haber comido en exceso, la gente sensata se levantaba y daba un paseo por el jardín, o –a falta de jardín– dejaba el comedor y se iba al salón, a fumar y a tomar café. Hoy, la mayoría de la gente se queda en la mesa durante horas, hablando, bebiendo cafés, coñacs, carajillos, ponches, estomacales y comiendo turrones, polvorones escarchados, y comiendo turrones, polvorones y barquillos mientras la atmósfera se va enra-

reciendo cada vez más, en progresión paralela al creciente sopor de los comensales. Esa fase vergonzosa de las fiestas navideñas se denomina "sobremesa".

LAS VACACIONES

Es un clásico: si los niños se pasan tres semanas en casa, sin ir a escuela, ¿es lógico que tengan que esperar al final de vacaciones, al 6 de enero, para recibir los juguetes? Si los recibiesen al inicio de las vacaciones o poco después –por Navidad, por ejemplo–, durante esas tres semanas vivirían felices. Felices ellos, por poder disfrutar de los artilugios, y felices los padres o progenitores, por tenerlos ocupados y sin dar la lata.

EN CASA Y BIEN VESTIDOS

El resto del año, los días de fiesta van por casa con tejanos y blusa o camisa. Estos días, en cambio, sacan el traje de gala, el vestido negro, los collares, los pendientes, las corbatas que les regalaron el último día del Padre, y van peripuestos por casa, besuqueando a los que van llegando, apilando abrigos encima de las camas y corriendo hacia la cocina, a comprobar si todo funciona como debe: si el rodaballo se cuece como es debido, si los canelones se tuestan delicadamente… El momento culminante de esa imbricación entre la elegancia en el vestir y la vida casera se da cuando a la cocinera emperifollada se le cae un pendiente, rebota en el broche que lleva sobre la teta izquierda y acaba dentro de la olla en la que se cuece la sopa.

EL BANQUETE NAVIDEÑO

Resulta ideal para los amantes del debate político. Permite –en un momento u otro, entre el primer plato y los postres– articular un discurso parasociológico sobre los diferentes que son, por ejemplo, Cataluña y España. Puede basarse en que en Cataluña tradicionalmente la cena de Nochebuena es poco más que una cena normal y el verdadero atracón tiene lugar al mediodía siguiente, en la comida del día de Navidad. Con un poco de maña, da para despotricar durante un buen rato, los unos de los otros y los otros de los unos. En Madrid, en Sevilla, en Zaragoza o en Barcelona.

LOS REDUNDANTES

Practican esa costumbre bárbara de comer hablando de otras comidas. Se pasan todo el primer plato –sopa de cocido, por ejemplo– hablando de una paella que comieron hace un mes en Paiporta, en un viaje que hicieron a Valencia. Cuando llega el pollo relleno de ciruelas, te explican con pelos y señales el besugo que les sirvieron en Bilbao cuando fueron, durante el puente de la Constitución, a ver –¿cómo no?– el Guggenheim. No pueden comer un plato sin hablar de otro. Son vulgares exhibicionistas. Y es evidente que, de hecho, no les gusta comer sino hablar de ello.

Texto adaptado para su uso didáctico.

 Compara tus dudas e hipótesis con un compañero. Luego, trata de encontrar y formular cinco cosas que se parecen entre las costumbres de tu país y las que caricaturiza Monzó. Coméntalas con tu compañero. Después, entre los dos, buscad las 5 que os parezcan más sorprendentes para comentarlas con el resto de la clase. Por último, podéis escribir un pequeño texto irónico sobre alguna costumbre de vuestra cultura.

8 Imagina que un amigo o un conocido tuyo tiene que asistir en tu país a las siguientes reuniones sociales. ¿Qué consejos le darías? Usa las formas de la lista.

TRATA DE UTILIZAR

Seguro que les encantará que...
Quedarás muy bien si...
No/Ni se te ocurra...
Si..., puedes quedar muy mal.
Si se te ocurre..., puedes parecer un/a maleducado/a.

UNA COMIDA FAMILIAR CON TUS PADRES

UN PICNIC CON AMIGOS   LA CELEBRACIÓN DEL AÑO NUEVO

UNA FIESTA DE CUMPLEAÑOS DE UNOS AMIGOS TUYOS   UNA ENTREVISTA DE TRABAJO

● Si en una entrevista de trabajo tuteas a la persona que te atiende, puedes quedar muy mal.

9 ¿Recuerdas algún malentendido que hayas vivido en un viaje a otro país? ¿Alguna "metedura de pata" debida a tu desconocimiento de algún aspecto cultural? Prepara un pequeño texto y explica qué sucedió, a qué se debió el malentendido y cómo lo solucionaste. Léeselo al resto de la clase.
Entre todos trataremos de formular una serie de recomendaciones para evitar malentendidos en culturas diferentes a la nuestra.

● Me acuerdo de una vez que... y les sentó fatal que yo...

Así puedes aprender mejor

Vamos a hacer un test para saber cómo te relacionas con las culturas extranjeras.

■ ¿Crees que una lengua tiene mucha relación con la cultura y las costumbres de las personas que la hablan?

■ Cuando viajas, ¿qué haces? ¿Te fijas en lo pintoresco y lo más visible o prefieres descubrir qué es lo más general y representativo de ese país?

■ Cada vez que descubres algo diferente, ¿lo comparas con tu cultura?

■ ¿Buscas explicaciones cuando algo te parece raro? ¿Se las pides a un nativo para entender mejor su significado en esa cultura?

■ ¿Quieres aprender a actuar como un nativo (un español o un latinoamericano, por ejemplo) o quieres encontrar maneras de entender la nueva cultura y relacionarte con ella desde tu propia identidad?

Compara tus respuestas con las de varios compañeros. ¿Cómo crees que hay que abordar el aprendizaje de la lengua en relación con la cultura a la que se asocia? Podéis también comentar la cita de la hoja.

"Para ir más allá del aprendizaje de una o más lenguas extranjeras con sus culturas asociadas, deberemos empezar con el reconocimiento de que una cultura es un sistema aprendido, internamente coherente, característico de un grupo específico. Es un sistema desarrollado por los integrantes de dicho grupo a través del tiempo que les ayuda a enfrentarse en condiciones óptimas al entorno en el que viven. Es deseable tener conciencia del comportamiento culturalmente adquirido que uno mismo posee, y después darse cuenta de que las soluciones específicas no son más que una posibilidad de solución, ya que otras culturas quizá adopten otra." (BYRAM Y FLEMING)

SE, LE: VERBOS CON PRESENCIA O AUSENCIA DE ESTOS PRONOMBRES

Se producen modificaciones de significado y de sintaxis.

> ¡Qué barbaridad! Tus hijas se parecen muchísimo.

> ¡Uf!, están hartas de que se lo digan.

PARECER

•••● **Sin pronombre** (+ adjetivo/nombre/que + Indicativo).

> Su casa **parece** un **castillo**. (=tiene el aspecto de un castillo)
> La casa **parece que está** deshabitada.
> (=tiene el aspecto de estar deshabitada)
> ¡La fiesta **parece interesante**! (=probablemente lo será)
> ¡**Pareces tonto**! (=sé que no lo eres, pero te comportas como un tonto)

•••● **Con le** (+ adjetivo/nombre/verbo + Indicativo).

> Esos espectáculos **le parecen** muy **aburridos**. (=los considera muy aburridos)
> A la gente de aquí **le parece que** eso **está** muy mal. (=cree que está muy mal)

•••● **Con se** (+ nombre + a):

> Esta **plaza se parece** mucho **a** la **Plaza Mayor de Madrid**. (=es semejante)
> Son dos **ciudades** que **se parecen** mucho.

QUEDAR

•••● **Sin pronombre** (con alguien/en algo).

> **Quedamos con** Félez **en no decirle nada a Pérez**.
> (=lo acordé o lo acordamos)

•••● **Sin pronombre** (con alguien, para algo, a una hora, en un lugar).

> **Quedé con Félez a las cinco delante de mi casa para ir al cine.** (=nos citamos)

•••● **Con le** (+ adjetivo/adverbio).

> Este vestido **le queda** muy **bien.** (=le va muy bien)
> Este cuadro **le ha quedado** muy **bonito.** (=lo ha pintado muy bonito)
> La casa **se les quedó pequeña.** (=necesitaban otra casa más grande)

•••● **Con le** (+ nombre).

> Solo **le quedan** algunos **amigos.** (=ya no tiene más que unos pocos amigos)
> No **le queda** otra **solución** que dimitir. (=ya no tiene otra solución)

•••● **Con se** (+ expresión de lugar).

> **Se quedó** en casa, no quiso salir a dar un paseo. (=no salió de casa)

•••● **Con se** (+ adjetivo/Participio).

> **Se quedó** muy triste/apenado.
> (=se entristeció/se apenó mucho y no sé si aún lo está)

VERBOS DEL TIPO **GUSTAR**

····O Existen en español muchos verbos que significan afecto, sentimiento o gusto, y que funcionan de modo similar a **gustar:** el sujeto gramatical no es el hecho, la cosa o la persona que experimenta el sentimiento sino lo que lo provoca. Son de uso muy frecuente:

llamar la atención/sorprender/extrañar/impresionar
atraer/apasionar/volver loco/chiflar/entusiasmar
aburrir/matar/fastidiar/repugnar/horrorizar
resultar extraño/sorprendente/ridículo/...
parecer extraño/sorprendente/ridículo/...
dar asco/miedo/pánico/rabia/pena/...
dejar indiferente/frío/...
poner triste/alegre/de mal humor/histérico/...

} *+ ALGO A ALGUIEN*

····O Todos estos verbos funcionan con la serie átona de pronombres **me/te/le/nos/os/les** y la tónica **a + mí/ti/él/ella/usted/ nosotros, -as/vosotros, -as/ellos, -as/ustedes.**

A mí las corridas de toros **me horrorizan.**
A Ignacio **le apasionan** las fiestas populares.
A mis hermanos pequeños **les vuelven locos** los videojuegos.
A ti no **te resulta extraño** que no hayan llegado? Son las diez...

En muchas situaciones de comunicación se contrastan sentimientos de varios sujetos y entonces es necesario usar:

A +	mí	ti	él/ella/usted
	nosotros/nosotras	**vosotros/vosotras**	**ellos/ellas/ustedes**

¿**A vosotros** qué **os sorprende** de la vida cotidiana en nuestro país?
A ella le vuelve loca bailar, pero **a mí me horroriza.**

····O El sujeto gramatical puede ser un sustantivo o un Infinitivo o una frase subordinada sustantiva; en este último caso, el verbo va siempre en Subjuntivo.

A mí me impresiona	*SUBORDINADA EN SUBJUNTIVO* **que** en España se **salga** tanto. *SUSTANTIVO SINGULAR* la **vida** nocturna de esta ciudad.
A mí me impresionan	*SUSTANTIVO PLURAL* mucho las **procesiones** de Semana Santa.
Me repugna	*SUBORDINADA EN SUBJUNTIVO* **que** se **haga** sufrir a animales. *SUSTANTIVO SINGULAR* el **maltrato** de los animales.
Me repugnan	*SUSTANTIVO PLURAL* las **fiestas** donde se hace sufrir a animales.

•••○ También son muy frecuentes las construcciones:

Me impresiona **cuánto** gasta la gente en Navidad.
(= me impresiona la cantidad)
Me sorprende **cómo** se trata a los animales domésticos en tu país.
(=me sorprende la manera)

ACCIONES HABITUALES

SOLER

PRESENTE DE INDICATIVO
suelo
sueles
suele   Yo los sábados **suelo** ir a la playa.
solemos   En España se **suele** tener bastante relación con la familia.
soléis
suelen

Atención:
Soler se puede utilizar para expresar hábitos en presente o en pasado
(Imperfecto de Indicativo).

Los domingos suelo levantarme tarde.   Hace unos años solía levantarme más tarde.

pero no otros tiempos verbales:

El año pasado había solido salir   solí   mucho de noche.

El año pasado solía salir mucho de noche.

Generalmente,
Normalmente,   visito a mis padres el domingo.
Frecuentemente,
Por lo general,

Lo más normal/frecuente en mi país es pasar el domingo en familia.

IMPERSONALIDAD

En español existen varios modos de marcar que se desconoce el agente de un
verbo o que no se quiere mencionar, es decir, varias formas de impersonalidad:

•••○ **Se impersonal.**

En España **se fuma** todavía demasiado.
Aquí no **se puede** hacer eso.

El verbo va siempre en singular cuando es intransitivo (=cuando no lleva
OD) o cuando va seguido de un Infinitivo o de la conjunción **que**.

Aquí no se puede **fumar.**
Se dice **que** pronto van a construir una carretera nueva.

Se comenta
que el lunes echan
a Pepe.

¡Me lo
imaginaba!

¡Qué mala
suerte! Justo
ahora...

El verbo que lleva complemento directo concuerda con él en número:

En Argentina **se hace** actualmente muy **buen cine.**
En Argentina **se hacen** actualmente muy **buenas películas.**

•••◉ **2ª persona con valor impersonal.**
Se utiliza cuando el hablante habla de un tema de manera general y se implica a él mismo y a su interlocutor como sujetos posibles.

En el norte, **te metes** en cualquier bar y **comes** unas tapas riquísimas.
Si **vas** a casa de un español a comer, lo **más** normal es llevar vino.

•••◉ **La gente/Todo el mundo/...**
Se utiliza cuando el hablante se excluye a sí mismo y a su interlocutor de lo que afirma con valor impersonal.

Todo el mundo sabe que en este Ministerio hay desfalcos.
¡La gente hace cada cosa más rara!
Todo individuo/toda persona tiene derecho a una vivienda digna.

SUBORDINADAS SUSTANTIVAS (III): INDICATIVO/SUBJUNTIVO

En general, cuando el verbo principal es un verbo de pensamiento o de palabra y está en forma negativa, el verbo de la oración subordinada va en Subjuntivo.

VERBO DE PENSAMIENTO	SUBJUNTIVO
No creo	que el jefe **vuelva** ya hoy a la oficina.
No pensamos	que éste **sea** el camino para solucionar los problemas.
No digo	que no **debamos** ir, pero realmente no me apetece.

Sin embargo, cuando se trata de una advertencia, de una recomendación o de un consejo en Imperativo, el verbo subordinado va en Indicativo.

VERBO DE PENSAMIENTO EN IMPERATIVO	INDICATIVO
No creas	
No piense	**que es** antipático, lo que pasa es que es muy introvertido.
No vayas a pensar	

Un caso especial es el formado por los verbos de percepción.

No he visto que **haya llegado.** (=no he visto si ha llegado o no)
No he visto que **ha llegado.** (=ha llegado, pero no lo he visto)

No me di cuenta de que **pasaba** algo raro.
(=afirmo que efectivamente pasaba algo raro)
No me di cuenta de que **pasara** nada raro.
(=no afirmo si pasó o no algo raro)

ES QUE.../NO ES QUE...

	SUBJUNTIVO		INDICATIVO
		es que	**es** un poco especial.
No es que	**tenga** mal carácter,	sino que	a veces **se pone** nervioso.
		lo que pasa es que	**hay** que conocerlo.

COMPARAR

PARECERSE A
Los carnavales de mi ciudad **se parecen mucho/un poco a** los de Canarias.
Silvia **no se parece en nada** a su madre.

SER PARECIDO/A/OS/AS A
Esta tradición **es parecida a** una que/a tenemos en mi pueblo. Cuando alguien se casa…

SER IGUAL QUE/A
Este plato **es exactamente/casi igual que/a** uno que hacen en Granada.
Aunque no lo creas Miguel y Helena **tienen** muchas cosas **en común.**

SER DISTINTO DE/A
El carácter de los gallegos **es muy distinto de**l/a**l** de los madrileños.

Las fiestas de aquí y las de mi país
- no se pueden comparar.
- no tienen nada que ver.
- no tienen mucho/nada/demasiado en común.
- no se parecen demasiado/en nada.

EXPRESAR DESEOS EN DESPEDIDAS

Es muy frecuente en español asociar a una fórmula de despedida un deseo formulado con **que** + Presente de Subjuntivo.

DESPEDIDAS
Adiós, **que te vaya bien/le vaya bien/os vaya bien/les vaya bien.**
Hasta luego, y **que tengas/tenga/tengáis/tengan suerte** en el examen.

A ALGUIEN QUE VA A UNA FIESTA, A UN VIAJE DE PLACER
Que te diviertas/se divierta/os divirtáis/se diviertan.
Que lo pases/pase/paséis/pasen bien.
Que tengas buen viaje.

AL IRSE A DORMIR
Buenas noches, **que descanses/descanse/descanséis/descansen.**
que duermas bien.

EN LA VISITA A UN ENFERMO
Que te mejores/se mejore.

ALGUIEN QUE SE ENFRENTA A ALGO DESAGRADABLE
Que no sea nada.
Que te sea leve.

FELICITAR

SANTO, CUMPLEAÑOS
¡Felicidades!
¡Feliz cumpleaños!
¡Que cumplas muchos más!
Que pases un buen/feliz día.

GRANDES ACONTECIMIENTOS FAMILIARES O PROFESIONALES (BODAS, NACIMIENTOS, ASCENSOS, EXÁMENES...)

¡Enhorabuena!

NAVIDADES, AÑO NUEVO

¡Felices fiestas!

¡Felices Pascuas!

¡Feliz Año Nuevo!

Próspero Año Nuevo. (se usa en la lengua escrita)

CONECTORES DISCURSIVOS

• • • ◉ Para introducir información.

ÚTIL PARA EL INTERLOCUTOR

Te interesará
Te conviene **saber que** hemos convocado una reunión urgente para el lunes.

QUE EXPLICA OTRO TEMA ABORDADO

Ten en cuenta que las ventas del mes de enero fueron mucho peores que las del año anterior.

• • • ◉ Para pasar de un tema a otro.

Con respecto a
En cuanto a la actitud de los jóvenes frente a la política.
Otro aspecto importante es

• • • ◉ Para enlazar dos temas con un punto en común.

Eso vale también para saber qué pasos debemos seguir para pedir una subvención estatal.
Igual/Lo mismo sucede con la economía de los países desarrollados.

• • • ◉ Para introducir un nuevo tema en contraste con el anterior.

En España se cena a las diez, **mientras que** en mi país se cena a las siete.
Aquí se come muy tarde. **En cambio**, en Portugal se come bastante pronto.
Solo salgo de noche entre semana. Yo, **al contrario/al revés**, solo salgo el fin de semana.

VERBOS CON PREPOSICIÓN (V)

ACORDARSE DE	Tomás siempre **se acuerda de**l día de mi cumpleaños.
CAER EN LA CUENTA DE	Lo siento pero no **caí en la cuenta de** que tú también llegabas hoy.
DARSE CUENTA DE	Cuando viajas **te das cuenta de** la riqueza que aporta el contacto entre las diferentes culturas.
ENSEÑAR A	Nadie te **enseñará a** comportarte, ya eres mayorcito.
PARTIR DE	**Partimos de** un mismo esquema.
TENDER A	Nosotros **tendemos a** ver las cosas con mucho pesimismo.

gente y **emociones**

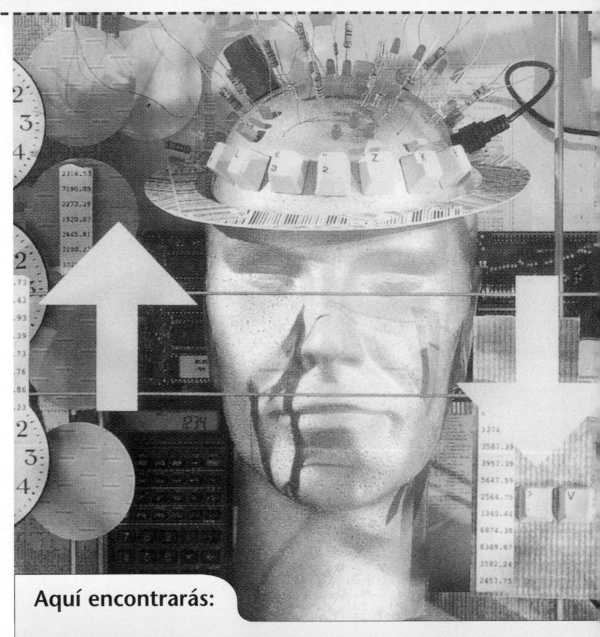

Aquí encontrarás:

EJERCICIOS

1 Hablar de habilidades.

2 Hablar de habilidades propias y ajenas.

3 Situaciones hipotéticas. Pluscuamperfecto de Subjuntivo.

4 Hacer hipótesis sobre el pasado.

5 Plantear hipótesis. Dar consejos. Estilo indirecto.

6 Correlación temporal. Tiempos del Subjuntivo.

7 Establecer comparaciones. **Como si** + Imperfecto/ Pluscuamperfecto de Subjuntivo.

8 Léxico. Expresión de emociones.

9 Hacer juicios sobre comportamientos pasados.

10 Relacionar acontecimientos. Juzgar comportamientos pasados.

11 Valorar actitudes ajenas.

12 Circunstancias temporales.

ASÍ PUEDES APRENDER MEJOR

CONSULTORIO LINGÜÍSTICO

hace falta

1 **¿Qué habilidades crees que debe tener cada una de las personas que trabaja en las siguientes profesiones?**

| 1 | piloto de avión |

| 2 | cirujano/a | | 3 | vigilante de la playa |

| 4 | presentador/a de televisión |

| 5 | violinista | | 6 | conductor/a de camiones |

| 7 | corresponsal de guerra | | 8 | cocinero/a |

- Ser muy rápido de reflejos.
- Estar en muy buena forma.
- Tener muy buen pulso.
- Tener facilidad para negociar.
- Dársele bien los idiomas.
- Tener carisma.
- Tener muy buena vista.
- Tener una buena imagen.
- Ser capaz de improvisar.
- Tener buen olfato.
- Ser creativo/a.
- Tener una buena voz.
- Tener don de gentes.
- Tener muy buen oído.
- Ser muy flexible.

- Tener mucha voluntad, ser muy tenaz, muy constante.
- Tener facilidad para el estudio.
- Ser capaz de estar solo/a muchas horas.
- Tener facilidad para comunicarse.
- Saber desenvolverse bien en situaciones difíciles.
- Saber nadar.

... Pero para la música es un genio.

¿Podrías ejercer bien todas estas profesiones? ¿Por qué? ¿Qué habilidades o carencias tienes? Elige dos profesiones, la que mejor se te daría y la que peor, y escribe sobre ellas. Lee a tus compañeros lo que has escrito para que ellos intenten orientarte profesionalmente.

- Yo podría ser cocinero, se me da bien la cocina y muy soy creativo, inventaría nuevos platos. En cambio, no podría ser violinista, soy un negado para la música, no tengo nada de oído.

2 **Consulta la web de la asociación TRUEQUESERVICIO en Vigo. En esta página la gente que escribe ofrece servicios a cambio de recibir otros. ¿Te interesaría alguno de ellos?**

NOMBRE: Pablo Serrano

OFREZCO: Soy un manitas. Se me da bien cualquier chapuza manual. Puedo arreglar grifos, pintar paredes... La carpintería tampoco se me da mal del todo.

NECESITO: Urgente. Alguien que sepa ruso y quiera enseñarme. Tengo que aprenderlo en tres meses. Tengo un contrato en Moscú y empiezo en junio.

NOMBRE: Sofía Méndez

OFREZCO: Soy una genio de la informática. Los programas no tienen secretos para mí. Ofrezco mis conocimientos para introducción a la informática o para salir de algún apuro en el que os haya metido el ordenador.

NECESITO: Me han regalado un coche viejo. Necesito a alguien que entienda de mecánica y que me ponga el coche a punto.

NOMBRE: Javier Carranza

OFREZCO: Se me da muy bien la cocina, sobre todo las pizzas y las empanadas. Tengo facilidad para contar chistes y hacer trucos de magia. Puedo organizar fiestas, para adultos o para niños. Me encargo de todo, invitaciones, comida, entretenimiento...

NECESITO: No soporto planchar. Necesito a alguien que pueda venir una vez a la semana a casa a planchar camisas.

133

Escribe un texto para la web de TRUEQUESERVICIOS.COM ¿Qué ofreces? ¿Qué necesitas?

NOMBRE: _____

OFREZCO: _____

NECESITO: _____

En clase, en grupos de cinco o seis estudiantes, intentad encontrar a alguien que pueda satisfacer vuestras necesidades.

3 Escucha este programa de RADIO ASTORGA. ¿Cuál es la pregunta que realiza el locutor? ¿Qué razones da cada uno de los participantes para su elección? ¿Coincides con alguno de ellos?

JULIA	ROBERTO	GEMA	AGUSTÍN
_____	_____	_____	_____
_____	_____	_____	_____

Escribe otras preguntas que podrían hacerse a los oyentes de un programa de este tipo.

¿En qué época antigua te hubiera gustado vivir? ¿Por qué?

En clase, poned en común vuestras propuestas. Podéis elegir una de ellas y simular un programa de radio como el que acabáis de oír.

4 Julio Medem es uno de los directores españoles de más prestigio. Entre sus películas destacan *La ardilla roja* y *Los amantes del círculo polar.* En todas sus obras el azar juega un papel muy importante en el discurrir de los acontecimientos. Este es el resumen de su película *Lucía y el sexo.* ¿En cuántas ocasiones el azar se cruza en la vida de los personajes?

Esa es la historia, llena de casualidades. ¿Cuántas frases de este tipo podrías escribir? Intenta escribir el máximo posible.

Si Lucía no hubiera ido a la Isla, no habría conocido a Elena.

Lorenzo hace el amor con una desconocida, Elena, en una playa de La Isla una noche de luna llena, el día de su cumpleaños. Tiempo después, en Madrid, conoce a Lucía, quien le declara su amor y le propone irse a vivir juntos. Lorenzo le cuenta la relación que tuvo con Elena.

Elena descubre que se ha quedado embarazada de Lorenzo, decide tener a su hija y se instala en Madrid.

La enfermera que atendió a Elena en el parto es hermana de Pepe, el mejor amigo de Lorenzo, y le ha explicado el caso de una mujer que engendró a su hijo en una noche de luna llena en una playa de la Isla... Pepe le cuenta todo eso a Lorenzo y le indica dónde puede ir a conocer a su supuesta hija, Luna, que juega cada tarde en un parque de la ciudad.

Lorenzo conoce a su hija y a la chica que la cuida, Belén. Una noche va a cenar a casa de la niña, invitado por Belén, con quien Lorenzo mantiene una relación íntima desde los primeros días del encuentro en el parque. La niña se despierta a media noche y es devorada por el perro guardián de la casa. Lorenzo presencia el accidente.

Elena, destrozada por la muerte de su hija, se vuelve a vivir a La Isla.

Lorenzo no puede superar la tragedia, cae en una profunda depresión y es atropellado por un coche.

Lucía cree que Lorenzo ha muerto y se va desesperada a La Isla, a descubrir el secreto que ha desencadenado el drama. Busca alojamiento en La Isla y va a parar a una casa de huéspedes que regenta Elena, que le enseña la foto de su hija y le cuenta que fue engendrada en una noche de luna llena, hace cuatro años, un 23 de mayo en una playa de La Isla...

5 ¿Cómo reaccionarías en las siguientes situaciones? ¿Qué les dirías a las personas que te plantean o han planteado problemas de este tipo?

> **TRATA DE UTILIZAR**
>
> diría
> aconsejaría
> pediría
> Le + propondría   + Imperfecto de Subjuntivo
> habría dicho
> habría aconsejado
> habría pedido
> habría propuesto
> ...

Si un amigo/a te contara que se ha encontrado una cartera con 1000 euros tirada en la calle y con toda la documentación de la persona que la ha perdido.

● *Antes de nada, le sugeriría que averiguara algo sobre la persona que ha perdido la cartera...*

Si alguien te dijera que ha recibido un regalo carísimo de un vecino al que solo conoce de verse en el ascensor.

_____

Si una persona te contara que no soporta a la familia de su pareja.

_____

Si un familiar, la semana pasada, te hubiera pedido consejo sobre dónde invertir una cantidad de dinero importante.

_____

Si unos amigos, antes de casarse, te hubieran pedido consejo sobre dónde pasar su luna de miel.

_____

Si un colega de trabajo te dijera que ha decidido tener un hijo con su pareja, con la que sabes que se lleva fatal.

_____

6 ¿Cuál sería la frase correcta para las situaciones A, B y C? Imagina situaciones para otras posibles combinaciones de tiempos verbales.

A La semana próxima presentaremos un proyecto importante a la gerente de la empresa para mejorar resultados.

Me indigna		no se lo tomara en serio.
Me indignó	QUE	no se lo tome en serio.
Me indignaría		no se lo haya tomado en serio.

B Ayer me pasé el día pegado al teléfono esperando su llamada.

Me puso muy triste		no me llame.
Me pondrá muy triste	QUE	no me haya llamado.
Me ha puesto muy triste		no me llamara.

C En las clases un compañero utiliza siempre una palabra muy grosera.

Me molesta mucho		haya dicho eso.
Me ha molestado mucho	QUE	diga eso.
Me molestaría mucho		dijera eso.

7 Busca el adjetivo que defina mejor el estado o la actuación de las personas a las que se refieren estas frases.

| desconcertado/a | cansado/a | distraído/a | desganado/a | indiferente | amigable | agresivo/a |

Me siento **como si me hubieran dado** una paliza. → cansado

Actúa **como si quisiera provocar** una discusión.

Es **como si hubiera perdido** el interés por todo.

Se comporta **como si no supiera** nada del asunto.

En clase últimamente es **como si estuviera** en la luna.

Se vieron y **como si no hubiera pasado** nada entre ellos.

Y allí estaba parado, **como si se hubiera quedado** sin habla.

Ahora, escribe expresiones de este tipo que se podrían referir a una persona asustada, muy enfadada, muy relajada, muy irritable y muy triste.

8 Lee el texto y completa la tabla. ¿Qué emociones te provoca cada elemento de la lista? Añade algunos más.

Las personas siempre sentimos algo, siempre experimentamos alguna emoción. Esas emociones son un síntoma de que estamos vivos. Hay cuatro emociones básicas: ira, tristeza, miedo y alegría. Según algunas teorías, los otros sentimientos son una mezcla de estos cuatro. Hay miles de combinaciones posibles, por ejemplo los celos: una mezcla de miedo e ira; o la nostalgia: una mezcla de alegría y tristeza.

A veces, uno desearía no tener emociones para no sufrir, pero todos los sentimientos son positivos si se saben manejar. Por ejemplo, la ira tiene relación con nuestro instinto de libertad y de autodefensa. El miedo es también muy útil, nos previene de correr demasiados riesgos, y nos ayuda a evitar el peligro. La tristeza nos fuerza a un periodo de quietud que favorece la recuperación.

Las emociones son universales, aunque están modeladas por nuestras experiencias vitales y por el medio cultural en el que vivimos.

	ALEGRÍA	MIEDO	TRISTEZA	IRA
la oscuridad				
la muerte				
las arañas				
la violencia				
la soledad				
la enfermedad				
la falta de cariño				
el engaño				
la gente que se aprovecha de los demás				
la irresponsabilidad				
la corrupción				
las fiestas familiares				
la música				
un bebé				
el sol				
...				

TRATA DE UTILIZAR

Me da/n miedo.
Me da/n mucha alegría.
Me da/n risa.

Me pongo triste.
Me pongo muy contento/a.

Me indigna/n.
Me entristece/n mucho.
Me aburre/n.
Me divierte/n.

Me pone/n nervioso/a, triste, de mal humor, histérico/a.

Me siento bien/mal.

Me hace/n sentir bien/mal.

Siento miedo.

Me enfado mucho.

• A mí, me ponen muy triste los hospitales, cuando tenía cinco años me operaron y tuve que pasar dos meses en una habitación...
○ Pues a mí siempre me ha dado algo de miedo la oscuridad, me hace sentir inseguro.

↻ Ahora, escribe sobre cada una de estas cuatro emociones: alegría, miedo, tristeza e ira. Léeselo a tus compañeros y busca en la clase a la persona con la que tienes una mayor afinidad emocional.

9 Dos amigos de Gabriel están hablando sobre el problema que éste ha tenido con su familia. Escucha la conversación y anota algunos datos: ¿por qué surgió el conflicto?, ¿quiénes estaban implicados?, ¿qué hizo Gabriel?, ¿cómo reaccionó su padre?

Recoge los juicios que emite cada uno de los interlocutores.

EL AMIGO:

Si Gabriel necesitaba más dinero, podría haber buscado un trabajo compatible con sus estudios.

LA AMIGA:

¿Estás de acuerdo con alguno de ellos? ¿Cómo juzgas tú la situación? ¿Cómo crees que se habría podido llevar el asunto?

10 Combina las frases de cada bloque para que tengan sentido. Para ello, usa los conectores que precises y cambia o añade lo que creas oportuno. Escribe después un juicio sobre esos comportamientos.

TRATA DE UTILIZAR

así que
por eso
por esa razón
como
porque

- Como había salido la noche anterior hasta las cuatro de la madrugada, no oyó el despertador a la mañana siguiente y por eso llegó tarde a la entrevista de trabajo.

• No debería haber salido hasta tan tarde el día anterior a una entrevista de ese tipo.

- Salió la noche anterior hasta las cuatro de la mañana.
- No oyó el despertador.
- Llegó tarde a la entrevista de trabajo.

- Se pasó las vacaciones en Calatayud.
- Esperó hasta el último momento para hacer la reserva a Menorca.
- Finalmente ya no había alojamiento en toda la isla ni vuelos a otros lugares.

- Ella estaba convencida de su indiferencia.
- Pablo nunca demostró abiertamente sus sentimientos hacia Carlota.
- Ella aceptó un trabajo en Cabo Verde y se fue a vivir allí.

- Silvia le dijo a su hija que no le gustaba nada el novio que tenía.
- Desde entonces su relación se ha vuelto muy distante.
- La hija se sintió muy ofendida.

- Se rompió una tubería y se inundó su casa y la de los vecinos.
- Tuvo que pagar todas las reparaciones.
- No renovó el seguro de la vivienda.

- Lo dejó todo en la ciudad para irse al campo a vivir con su pareja.
- Se han separado.
- Ahora se siente muy aislada y se aburre.

INFORME

Terencio llegó a la entrevista con diez minutos de antelación. Los entrevistadores le hicieron esperar más de media hora en la recepción y él esperó pacientemente hojeando unas revistas que había sobre una mesa.

Cuando empezó la entrevista y vio que le iban a entrevistar cinco personas se puso nervioso, pero esperó a que hablara cada uno de ellos y luego les pidió amablemente que se presentaran.

En ningún momento intentó mostrarse como una persona perfecta.

Hubo puntos que no le quedaron muy claros, así que sugirió que podría preparar un resumen de la reunión, y que posteriormente lo podría enviar para que lo supervisaran a fin de evitar malentendidos.

Cuando le preguntaron algo que consideraba demasiado personal evitó contestar. En algunos casos contestó con otra pregunta.

Cuando le presentaron a la Directora General (que tenía el brazo escayolado) se quedó muy cortado, hizo un intento de darle la mano, pero acabó poniéndosela en el bolsillo sin saber cómo reaccionar.

Al acabar la entrevista les comentó que necesitaba tener una respuesta lo antes posible porque había tenido otras ofertas y quería valorarlas cuanto antes.

11 Imagina que formas parte de un grupo de psicólogos que tienen que valorar las aptitudes de una persona para un trabajo de asistente social. Basa tus valoraciones en el comportamiento que ha demostrado en una entrevista, de la que tienes este informe. ¿Crees que Terencio actuó correctamente?

● Creo que hizo bien en no mostrarse como una persona perfecta, eso podría haber irritado a los entrevistadores, podrían haberlo tomado por una persona muy arrogante.

12 Inserta las circunstancias temporales adecuadas a cada situación. Después, contesta a las preguntas.

- después de haber hablado un montón de veces con él
- en el momento en elque estás besándolo apasionadamente
- justo cuando estaba a punto de pasar por la aduana
- al entrar en tu piso a las dos de la madrugada

¿Qué harías si vieras a tu compañero de piso con un montón de amigos en una fiesta salvaje?

_____

¿Qué harías si tu hijo/a de 14 años se negara a lavar los platos?

_____

¿Cómo reaccionarías si cuando estás con tu novio suena su teléfono móvil?

_____

¿Cómo reaccionarías si en el aeropuerto te dieras cuenta de que el pasaporte de tu amigo estaba caducado?

_____

Ahora, escribe tú otras preguntas enlazando los elementos que mejor encajen:

... justo en el momento en el que...
... cuando estaba a punto de...
... cuando acababa de...

- Comprar una casa.
- Quedarse sin trabajo.

- Cerrarse la puerta del metro.
- Estar entrando.

- Firmar un contrato como modelo para una campaña de ropa interior.
- Romperse una pierna por tres sitios.

Así puedes aprender mejor

Una de las características de la conversación coloquial es la intensificación. Parece que muchas veces no es suficiente afirmar o negar, preguntar o manifestar acuerdo o desacuerdo, sino que es preciso intensificar lo que decimos, exagerar.

Lee la transcripción de una conversación en la que R cuenta una anécdota que le sucedió cuando era pequeño. Había guardado el dinero en el calcetín por miedo a que se lo robaran. Identifica en el texto los recursos de intensificación que usan los interlocutores.

- (...) y nos fuimos allí a hacer las compras y cuando fui a pagar...
- ○ Claro, tenías que sacarte...
- Claro, la idea era que me lo quitase antes, ¿no? Antes de ir a la caja, pero se me olvidó...
- ○ Mhhjj
- ...entonces cuando fui a pagar... ehh... me di cuenta de que el dinero estaba en el calcetín. Entonces miré a la cajera horrorizado, yo me quería morir, de verdad.
- ○ Claro. *(risas)*
- Ya, en aquel momento...
- ○ ¡Yo me muero!
- Pero después, pero después más. Aparte, el... el centro o sea, el hipermercado llenísimo de gente...
- ○ A tope.
- A tope, pero un montonazo increíble y el, el billete se había deslizado hasta el fondo del calcetín...
- ○ ¿Del dedito gordo...?
- Casi al lado del dedo gordo, por lo cual yo no podía quitarlo sin quitarme el zapato, que era, que era una zapatilla deportiva no muy nueva, olorosa... La verdad que apestaba. Y entonces me tuve que desabrochar la zapatilla, desatarla...
- ○ ¿Y tu hermano qué hacía?
- Y... y mi hermano muerto de risa y de vergüenza al mismo tiempo, pero bueno, el pobre allí detrás. (...)

El lenguaje afectivo intenta realzar la expresión, y se sirve para ello de muchos recursos; uno de ellos es la intensificación, que tiene como fin provocar un mayor interés en la conversación, implicar más al interlocutor.

En muchas ocasiones son cuantificadores: *un montón de gente*; *está muy pero que muy buena*. O un uso especial de los artículos: *la de veces que se lo he dicho*. Locuciones verbales: *me importa un pimiento*; *me moría de risa*. La repetición: *es tonto, tonto*; *esto es café café*. Expresiones que refuerzan lo dicho: *te lo juro*; *te lo digo, es insoportable*. O que refuerzan lo dicho por el interlocutor: *sí, sí*; *es que no puede ser, hombre*; *se está pasando*; *¡qué fuerte!*

FORMACIÓN DE PALABRAS (IV): SUSTANTIVOS DERIVADOS DE ADJETIVOS

De muchos adjetivos calificativos se derivan sustantivos que designan la cualidad correspondiente.

sensible ——→ la **sensibilidad**   inteligente ——→ la **inteligencia**

Muchos de ellos se forman con las terminaciones: **-cia , -idad/-dad y -ura.**

la creativi**dad**	la pacien**cia**	la loc**ura**
la generosi**dad**	la importan**cia**	la cord**ura**
la agili**dad**	la vehemen**cia**	la amarg**ura**
la cruel**dad**	la decen**cia**	la chalad**ura**
la capaci**dad**	la impertinen**cia**	la hermos**ura**
la false**dad**	la coheren**cia**	la tern**ura**

PLUSCUAMPERFECTO DE SUBJUNTIVO

Existen dos formas con usos equivalentes.

IMPERFECTO DE SUBJUNTIVO DE **HABER**	+	*PARTICIPIO*
hubiera	**hubiese**	
hubieras	**hubieses**	habl**ado**
hubiera	**hubiese**	+ ten**ido**
hubiéramos	**hubiésemos**	s**ido**
hubierais	**hubieseis**	
hubieran	**hubiesen**	

CONDICIONAL COMPUESTO

IMPERFECTO DE SUBJUNTIVO DE **HABER**	+	*PARTICIPIO*
habría		
habrías		habl**ado**
habría	+	ten**ido**
habríamos		s**ido**
habríais		
habrían		

CONSTRUCCIONES CONDICIONALES (III)

•••**○** Sobre el momento actual o futuro.

IMPERFECTO DE SUBJUNTIVO	*CONDICIONAL*
Si **fuera/fuese** millonario,	**me dedicaría** a trabajos humanitarios.

(=evocamos algo irreal, "no soy millonario")

Si me **tocara/tocase** la lotería, me **iría** a dar la vuelta al mundo.
(=evocamos algo muy poco probable "seguramente no me tocará la lotería")

~~Si sería millonario...~~   ~~Si me tocaría la lotería...~~

CONDICIONAL

Ahora mismo **me comería** un plato de fresas con nata.
(=no puedo comérmelo o es difícil)

Me **iría** ahora mismo de vacaciones. ¡Estoy harta!
(=no puedo irme de vacaciones)

En el ámbito de los consejos (y presuponiendo la condición "si tú o yo estuvieramos en esa situación"):

- ● ¿Tú que **harías?**
- ○ Yo **hablaría** con ella. Seguro que lo **entendería.**

- ● ¿Tú **te presentarías** al examen? La verdad es que no he estudiado mucho.
- ○ Yo lo **haría,** a ver qué pasa. Y así ves qué tipo de examen es.

En la lengua coloquial, en este uso, aparece también el Imperfecto de Indicativo.

Yo, en tu lugar, **hablaba** con ella. Seguro que lo **entendía.**
Yo que tú **me presentaba** al examen.

Oye, ¿tú qué harías en mi lugar? ¿Lo llamarías?

Desde luego. Más que nada lo llamaría para explicarle lo que realmente pasó.

•••◉ En el pasado.

PLUSCUAMPERFECTO DE SUBJUNTIVO　　　　*CONDICIONAL COMPUESTO*

Si **te hubieras/hubieses encontrado** en esa situación, **habrías hecho** lo mismo que yo.
Si **hubierais hablado** del tema, seguramente lo **habríais solucionado.**
(=evocamos algo irreal, que no ha sucedido en el pasado)

•••◉ A veces sustituimos el Condicional Compuesto por otro Pluscuamperfecto de Subjuntivo.

Si hubierais llegado antes, **habríais podido** / **hubieseis podido** saludar a Jaime.

•••◉ En este caso se tiende a utilizar la forma en **-ra** si se ha utilizado en la primera parte de la condición la forma en **-se**, y viceversa.

Muchas veces se presupone la condición "si yo me hubiera encontrado en esa situación" o "si yo hubiera estado en tu lugar".

Yo **habría ido** a verle.
Yo **(que tú) habría pedido** que me devolvieran el dinero.

•••◉ A veces valoramos la situación imaginaria que no ha llegado a suceder. También en este caso pueden usarse indistintamente el Condicional Compuesto o el Pluscuamperfecto de Subjuntivo.

Lo mejor habría/hubiera/hubiese sido hablar con él. Todo se habría arreglado.
Habría/hubiera/hubiese estado bien poder encontrarnos en París. Pero como Elvira regresó el miércoles y yo llegué el jueves, no nos vimos.

141

•••○ Para reprochar a alguien algo o lamentarnos de que no ha sucedido algo, se usa:

	CONDICIONAL	PARTICIPIO PERFECTO (INFINITIVO + PARTICIPIO)
PERSONAL	**Tendría/s que** **Debería/s**	**haber estudiado** más para el examen. **habérselo comentado** a Arturo.
IMPERSONAL	**Habría que**	**habérselo** dicho a Juan.

En la lengua coloquial, es frecuente en estos usos, en lugar del Condicional de **tener, deber** y **haber**, el Imperfecto de Indicativo.

IMPERFECTO DE INDICATIVO
Tenías que haber estudiado más.
Debías habérselo comentado.
Había que habérselo dicho a Juan.

•••○ Para aludir a algo que ha sido posible en el pasado pero que no se ha producido.

CONDICIONAL O IMPERFECTO DE INDICATIVO
Podrían
Podían **haberse quedado** a dormir en casa, pero quisieron ir a un hotel.

•••○ Para reprochar es frecuente:

CONDICIONAL O IMPERFECTO DE INDICATIVO
Podrías
Podías haberme avisado, ¿no? Yo no sabía nada.

COMO SI

A veces utilizamos, para describir una situación o una acción, una comparación con algo imaginario en simultaneidad con la oración principal.

PRESENTE   SIMULTANEIDAD
Vive   **como si fuera** millonaria.   (="no lo es")

PASADO   SIMULTANEIDAD
El cielo **estaba** de un color rarísimo, **como si estuviéramos** en otro planeta.
(="no estamos en otro planeta")

O bien con algo imaginario en anterioridad con la oración principal.

PASADO   ANTERIORIDAD
Al verme, **reaccionó como si hubiera visto** un fantasma.

PRESENTE   ANTERIORIDAD
Hablas   **como si yo te hubiera ofendido**.

PONERSE/PONERLE

•••❍ Con los pronombres **me/te/se/nos/os/se.**

Me pongo triste cuando veo lo difícil que es entenderse.
(el sujeto soy yo)
Se puso muy triste cuando le dijimos que no podíamos ir.
(el sujeto es él/ella)

•••❍ Con los pronombres **me/te/le/nos/os/les.**

Me pone triste ver lo difícil que es entenderse.
esta situación.
(el sujeto es: ver lo difícil/esta situación)
Le ponen triste las discusiones entre sus hermanos.
(el sujeto es las discusiones)

Como estos verbos se comportan algunos que hemos visto en la unidad anterior.

sorprenderse de algo/al + Infinitivo
enfurecerse por algo/al + Infinitivo
entusiasmarse con algo
molestarse por algo
irritarse por algo

> Si es que siempre te pasa lo mismo. Al principio, te entusiasmas mucho con los proyectos, pero al final no los acabas nunca.

HABLAR DE HABILIDADES

•••❍ **Se + me/te/le/nos/os/les + dar.**

Con nombres de especialidades (la *informática*, la *cocina*, las *matemáticas*,...), de instrumentos o herramientas (los *ordenadores*, los *fogones*,...) y con verbos (*cocinar, hablar en público*,...).

La informática **se me da fatal.**
A Antonio, los ordenadores no **se le dan** muy bien.

•••❍ **Salirle (bien/mal/bueno/redondo/perfecto).**

Con nombres de productos o acciones.

Los discursos en público **le salen muy emotivos.**
Las paellas **le salen riquísimas.**
Los cuadros al óleo **le salen perfectos.**

•••❍ **Ser un... + para/en.**

un desastre
Soy **un** negado **para** la música.
un inútil
...

Ana **es** { **un** genio **para** la informática.
{ **un** as **en** informática.

···O **Ser muy bueno/malo + Gerundio/en.../para...**

Lidia es **muy buena**   **en** matemáticas.
                              calculando de memoria.

Gerardo es **malísimo**   **para** los deportes.
                               jugando al fútbol.

···O **Ser capaz/incapaz de... + Infinitivo.**

Es **capaz de** hacer un traje en tres horas.
Soy **incapaz de** seguir el ritmo. Me parece un tipo de música muy difícil.

···O **Tener... + (adjetivo) + nombre (+ para + nombre/verbo)**

Valentín **tiene (mucha) facilidad para** los idiomas/la música/el teatro.
Tú **tienes (muy) buena voz/buena vista/buen oído/buen olfato.**
Pablo Gómez **tiene don de gentes/carisma/buena imagen.**

PERÍFRASIS VERBALES (II)

···O Para expresar una acción pasada reciente.

ACABAR DE   *+ INFINITIVO*

Acabo de llegar ahora mismo.
Cuando **acababa de** llegar, entró Patricia.

Cuando ~~acabé de llegar~~...   Cuando ~~he acabado de llegar~~...

Atención:
Acabar de + Infinitivo, además de expresar "acción pasada reciente"
tiene otro significado:"terminar de hacer algo". En este caso sí es
posible utilizarla con tiempos verbales como los tachados.

Ayer, cuando **acabé de comer** me eché una siesta.
(=cuando terminé de comer)

···O Para expresar una acción futura inmediata.

ESTAR A PUNTO DE   *+ INFINITIVO*

Ahora voy para allá. **Estoy a punto de** salir de casa.

IMPERFECTO
Estaba a punto de salir cuando llegó Jaime.
(=no se informa de si salí o no)

INDEFINIDO O PERFECTO
Estuve a punto de irme a vivir al Canadá. (=no me fui, pero casi)
He estado a punto de ir a recogerte al trabajo. (=no he ido, pero casi)

CIRCUNSTANCIAS TEMPORALES

···**�𝗼** Sin precisar.

> **Al llegar** a la facultad me di cuenta de que me había olvidado la carpeta.
>
> **Antes**
> **Después** **de llegar** a Sevilla, llama a Rocío.
>
> Me lo dijeron **en el momento de empezar** la reunión y no me dio tiempo a llamarte.

···**�𝗼** Precisando.

> Se enteró **justo al regresar** de las vacaciones de Semana Santa.
>
> **Justo**
> **Inmediatamente** } **antes**
> **después** **de llegar** a la fiesta vimos a Guillermo.
>
> Me lo dijo **justo en el momento de llegar** Pedro y fue bastante violento, la verdad.
>
> **En el momento preciso de salir**, me llamaron por teléfono y, claro, llegué tarde.

VERBOS Y EXPRESIONES CON PREPOSICIÓN (VI)

ENTERARSE DE + *NOMBRE*/**que** + *INDICATIVO*
¿**Te has enterado de que** Yoli y Josu **se casan**?
Se han enterado ya **de** la boda Josu y Yoli.

(NO) HACER BIEN + *GERUNDIO*/**en** + *INFINITIVO*
No sé si **he hecho bien llamándole**.
No has hecho bien en llamarle.

RECUPERARSE DE + *NOMBRE*
Dicen que Eli **se ha recuperado** muy bien **de su enfermedad**.

SER CAPAZ/INCAPAZ DE + *INFINITIVO*
Andrés **es incapaz de comportarse** como un adulto.

SER CONSCIENTE DE + *NOMBRE*/**que** + *INDICATIVO*
¿**Eres consciente del problema** que tienes?
No **eres consciente de que tienes** un problema.

SER TORPE + *GERUNDIO*/**en** + *NOMBRE*
Soy torpe en ciencias, pero me defiendo en lenguas.
Iván **es** muy **torpe cocinando**.

CENTRARSE EN	La charla **se centró en** el problema de la tierra.
CONVENCER DE	Trató de **convencerme de** la conveniencia de firmar esos papeles.
DISFRUTAR DE	A mí, lo que de verdad me gusta es **disfrutar de** mis amigos los fines de semana.
DUDAR DE	Nunca **dudes de** la palabra de Antonio, es muy honesto.
HABLAR DE	En la tele siempre **hablan de** lo mismo. Es un aburrimiento.
TENDER A	Las nuevas generaciones **tienden a** ser más solidarias.

gente justa

Aquí encontrarás:

EJERCICIOS

1 Expresar juicios morales: **que + Subjuntivo**. Adjetivos valorativos.

2 Argumentar opiniones, contrastando aspectos de un tema.

3 Vocabulario de justicia.

4 Criticar acciones y manifestar la opinión. **El/la/los/las + de +** sustantivo.

5 Opinar sobre un acontecimiento. Adjetivos de juicios de valor.

6 Justificar un comportamiento.

7 Valorar y reaccionar ante un hecho en un registro conversacional.

8 Prevenir una acción y sus consecuencias.

9 Prever las consecuencias de una acción. **De haberlo/la +** Participio/**Si + lo hubiera +** Participio.

ASÍ PUEDES APRENDER MEJOR

CONSULTORIO LINGÜÍSTICO

TRATA DE UTILIZAR

1 ¿Qué piensas tú de estas cuestiones? Júzgalas según tu propio punto de vista. Trata de utilizar los recursos del cuadro.

QUE + Subjuntivo + me parece bien/mal/fatal/horrible/inadmisible/ tremendo/increíble/estupendo/...

es algo bueno/una vergüenza/una desgracia/ un grave problema/una cosa muy seria/...

está bien/mal/...

lo encuentro peligroso/muy perjudicial/...
lo considero perjudicial/muy negativo/...
lo veo bien/mal/injustificable/...

En muchas culturas un hombre puede casarse con varias mujeres y, en algunas, una mujer con varios hombres.

La riqueza en algunos países se concentra en el 5% de su población.

Hay países en los que se ha legalizado la eutanasia.

Cada vez es más frecuente el dopaje en el deporte de alta competición.

Las mejores películas las ponen en la televisión de pago.

Muchas lenguas están a punto de desaparecer.

Muy pronto se podrán hacer viajes turísticos al espacio.

Algunos futbolistas ganan millones de euros.

● Que una mujer pueda casarse con más de un hombre me parece estupendo.

Haz, ahora, tus juicios sobre los siguientes temas.

- Operaciones de cirugía estética.
● Considero inadmisible que la gente se gaste tanto dinero en operaciones de cirugía estética y no en cosas realmente importantes.

- Cine americano frente a producción nacional.

_____

- Prohibición del uso del coche particular en el centro de las ciudades.

_____

- Construcción de grandes rascacielos en centros urbanos.

_____

- Extrema delgadez en el mundo de la moda.

_____

- Restricciones de agua.

_____

- Poder de las grandes marcas.

_____

- Manipulación de los medios de comunicación.

_____

↺ **Ahora, puedes comentar con tu compañero tu punto de vista.**

2 Fíjate en estos recursos para contrastar diferentes aspectos de un tema.

> **Participar** sin cobrar en una campaña **está muy bien, pero** nadie está obligado a ello.
>
> Que los famosos **participen** sin cobrar en una campaña **puede estar muy bien, pero** nadie está obligado a ello.
>
> **Es cierto que participar** sin cobrar en una campaña **está muy bien, pero también es verdad que** nadie está obligado a ello.

Ahora, trata tú de buscar "peros" a estas afirmaciones, utilizando los recursos resaltados en negrita.

1. La experimentación con animales permite hacer descubrimientos muy importantes.

2. Los hombres son más fuertes físicamente que las mujeres.

3. Los niños están muy familiarizados con las nuevas tecnologías.

4. Todo el mundo puede tener un coche.

5. Existen vacunas para la mayoría de las enfermedades infecciosas.

6. Las cadenas públicas de televisión tienen menos audiencia que las privadas.

7. La ciencia ha aportado muchos beneficios a la humanidad.

3 ¿Conoces todos los verbos del recuadro gris? Forma al menos 10 frases con un elemento de cada columna.

- El Gobierno
- El abogado defensor
- La Asociación de Consumidores
- El acusado
- En mi país
- Un jurado popular
- Un detective privado
- Amnistía Internacional
- Los partidos de la oposición
- La policía

prohibir	probar
castigar	ser responsable de
falsificar	comportarse
justificar	ser legal/ilegal
denunciar	estar prohibido/permitido
juzgar	autorizar
acusar	declarar
defender	querellarse
huir	mentir
refugiarse	decir la verdad
cometer	demostrar
descubrir	sospechar
alegar	aportar

un delito
un asesinato
un robo
la importación de carne de cerdo
su comportamiento
su conducta
sobre lo que sucedió
lo que sucedió realmente
que el culpable es el mayordomo
una prueba
a algún país del Caribe
a su marido
al culpable
un documento
bien/mal
que había robado un coche
conducir a los 16 años
contra la empresa de lácteos
la culpabilidad/la inocencia

Elige, ahora, cinco de las combinaciones para describir algo que ha sucedido recientemente en tu país. Si no recuerdas ninguna noticia, puedes inventarla.

4 ¿Cómo crees que es y que debería ser el testamento de tía Loreto? Lee el texto en el que uno de sus sobrinos habla de la historia de su excéntrica tía. Luego piensa, conociendo sus malas intenciones, qué crees que le ha dejado a cada uno de los personajes que se mencionan. ¿Te parece justo? ¿Qué debería haber hecho? ¿Por qué? Fíjate en que, como no sabes los nombres, tienes que identificarlos mediante el de, la de, los de, las de.

LA COLECCIÓN DE LIBROS ANTIGUOS DE VIAJES
LOS ABRIGOS DE PIELES
EL CHALÉ EN LOS ALPES
LA FINCA EN EXTREMADURA Y LOS CABALLOS
LA COLECCIÓN DE ESCOPETAS
LA AVIONETA
EL PIANO DE COLA
EL COCHE DE FÓRMULA 1
LA CASA DEL PASEO DE LA CASTELLANA EN MADRID
DOS CUADROS DE MIRÓ
EL GIMNASIO
EL BARCO DE VELA
LOS TRES DÁLMATAS
LOS MUEBLES DE DISEÑO ITALIANO DE LA CASA DE PALMA DE MALLORCA
LOS CUATRO GATOS PERSAS
EL APARTAMENTO EN MANHATTAN
LA CASA EN BAHAMAS

Hay que reconocerlo: mi tía Loreto era una mujer especial. Había heredado de sus padres una fortuna y toda su vida, hasta que murió el mes pasado, hizo lo que le dio la gana. Entre otras cosas, casarse ocho veces y prescindir totalmente de los deseos de sus maridos y parientes.

No recuerdo los nombres de sus maridos pero sí que había entre ellos personajes de todo tipo.

Uno de ellos, por ejemplo, recorría el mundo en un barco noruego buscando ruinas arqueológicas submarinas. Pero tuvo un desgraciado accidente, en el que casi se ahoga, y ahora odia el mar.

Creo recordar que otro de los maridos estuvo mezclado en asuntos turbios, y dicen las malas lenguas que perteneció a la mafia. Tras el divorcio, sin embargo, se hizo monje y actualmente vive en un pueblecillo de Sierra Nevada.

Otro de sus amores, tras una agitada vida de hombre de negocios que le llevó a la ruina, se hizo miembro activo de Greenpeace. Se dedica especialmente a la defensa de las especies animales en vías de extinción.

Tuvo también un marido torero. Pero sufrió una grave cogida en Sevilla. Desde entonces odia a los animales.

A otro de sus maridos le encantaba tocar el piano. Era muy bueno, pero nunca ha logrado tener éxito por su carácter poco luchador y poco emprendedor.

Otro de sus maridos era un hombre sencillo, con muy poca cultura pero con mucho dinero. Actualmente, se dedica al negocio inmobiliario.

Uno de sus últimos maridos, veinte años más joven que mi tía, dirige un club de vela y es un gran aficionado a los deportes náuticos.

Del último, que la cuidó hasta el día de su muerte, solo sé que le apasionaban las antigüedades.

Pronto se va a abrir el testamento. Únicamente, sabemos dos cosas que ella misma nos dijo antes de morir: ha dejado algo "muy inadecuado" a cada uno de sus ex maridos, y de los cinco sobrinos, solo nombra a uno en su testamento. ¿Seré yo? Yo soy profesor de español. Me gusta la vida tranquila, leer, viajar... ¿Qué habrá podido dejarme, si me ha dejado algo? De niño, era su preferido...

• Debería haberle dejado el barco al del club de vela. Pero probablemente se lo habrá dejado al del barco noruego.

5 Ante estos hechos, formula tu punto de vista utilizando las palabras que tienes a continuación. Escríbelo en la primera línea, debajo de cada hoja.

bien/mal   inaceptable   injusto   impresentable   injustificable   inadmisible   ilógico   fatal   discutible   lógico
escandaloso   fantástico   indignante   positivo   vergonzoso   justo   extraordinario   comprensible   justificable

una vergüenza   un escándalo   una equivocación   una maravilla   una suerte   un acierto   una muy buena noticia

Un vecino de Madrid, con graves problemas de insomnio, mata al perro de sus vecinos porque ladraba todas las noches sin parar.

● A mí me parece inaceptable.
○ _____

UN PADRE OBLIGA A SUS HIJOS A IR A MISA CADA DÍA POR SER UN FERVIENTE PRACTICANTE, Y UN JUEZ LO DESAUTORIZA.

● _____
○ _____

El Ayuntamiento de Barranqueta multará a los ciudadanos que ensucien la vía pública con colillas, papeles, etc.

● _____
○ _____

Miles de jóvenes se manifiestan para protestar por el adelanto del cierre de los bares y discotecas, que a partir de mañana será a las 2 h de la madrugada.

● _____
○ _____

El Hospital Santa Cruz contrata a una médico como directora de la sección de neonatología. Otro de los candidatos se siente discriminado: alega que tenía mejor currículo y que se ha contratado a la Dra. Blasco por ser mujer.

● _____
○ _____

VECINOS DE ALCARRIEJO CONTRA LA CONSTRUCCIÓN DE UN CENTRO DE TRATAMIENTO DE DROGADICCIÓN EN SU PUEBLO.

● _____
○ _____

Una madre de alquiler, G.U.P., se niega a entregar a los trillizos que nacieron la semana pasada en Manchester. La pareja con la que había firmado un contrato presenta una querella y reclama la custodia de los pequeños.

denuncia a la policía

● _____
○ _____

Despiden de una clínica de Barcelona a una enfermera al averiguar que es transexual.

● _____
○ _____

La Universidad de Tasencia recibe una fuerte sanción por fotocopiar libros.

● _____
○ _____

LA TELEVISIÓN PÚBLICA VA A DEJAR DE INCLUIR PUBLICIDAD EN SUS PROGRAMAS.

● _____
○ _____

↺ Ahora, contrasta tu opinión con la de tu compañero y escribe lo que él dice debajo de tu intervención.

6 ¿Cómo se podría desmentir cada una de estas acusaciones con alguna de las siguientes justificaciones? Usa las construcciones: No es cierto/No es verdad que/No es que…, lo que pasa es que…

ACUSACIONES

A- Mintió.
B- Es un maleducado, se fue de la reunión sin despedirse.
C- Decidió lo de comprar el coche sin consultar a nadie.
D- Elena se pasó la fiesta coqueteando con Alberto.
E- Dejó el proyecto a medias, es un irresponsable.
F- Salió de juerga hasta las 7 de la mañana.
G- Borró todos los archivos del ordenador, seguro que lo hizo con mala intención.
H- Ha suspendido porque no estudia nada.

JUSTIFICACIONES

1- Estuvo en casa de un amigo preparando el examen.
2- Lo hizo sin querer.
3- Se encontraba mal y no quería preocupar a nadie.
4- No quería herir sus sentimientos.
5- Son muy buenos amigos desde la infancia.
6- Quería darles una sorpresa.
7- Su madre tiene una grave enfermedad y él es hijo único.
8- Las matemáticas le resultan muy difíciles.

A. No es que mintiera, lo que pasa es que no quería decírselo para no herir sus sentimientos.

B. _____ .

C. _____ .

D. _____ .

E. _____ .

F. _____ .

G. _____ .

H. _____ .

7 Escucha las siguientes conversaciones. Señala la reacción que te parece más apropiada para cada una de ellas.

- Hombre, pues la verdad es que tampoco había para tanto...

- Pues se pasó un poco, ¿no?...

- Bien hecho, eso no podía seguir así...

- Hombre, ya era hora...

- Sí, sí. Si es que se lo estaba buscando...

- Pues se merecía eso y mucho más...

- Le está bien empleado, a ver si tiene más cuidado la próxima vez...

¿De qué forma continuarías estas frases?

TRATA DE UTILIZAR

contaba con que
confiaba en que
(no) creía que
pensaba que
nunca imaginó que
de haberlo sabido/imaginado/...
si lo/la/los/la hubieran avisado

8 **¿Puedes imaginar las razones que llevaron a estas personas a actuar de esta manera? Valora lo que hicieron, piensa qué creían o qué imaginaban en ese momento y di qué crees que deberían haber hecho.**

1- Eva y Toni, su novio, crearon una pequeña empresa. Para simplificar cuestiones de papeleo la pusieron a nombre del novio. Ahora se han separado porque Toni se ha enamorado de otra compañera de trabajo. La empresa funciona muy bien. Él no quiere darle a Eva su parte.
  ● Eva nunca imaginó que su novio fuera capaz de quitarle su parte de la empresa...

2- La empresa le pagó toda la formación durante tres meses y ahora se ha ido a trabajar a la competencia.

3- Se casaron a los dos meses de haberse conocido. La convivencia entre ellos es un infierno.

4- Le dejó a un amigo el piso durante el verano. El amigo invitó a todos los colegas del grupo de jazz en el que toca.

5- Escribió una carta de recomendación para un empleado. Ahora se ha enterado de que este empleado ha causado muchos problemas en la nueva empresa en la que trabaja.

6- Compraron el piso en las afueras de Toledo para vivir en un lugar tranquilo. Ahora van a construir un gran centro comercial y de ocio justo enfrente.

¿Conoces algún caso en el que alguien no ha previsto o se ha equivocado mucho respecto a lo que iba a pasar? Explícalo en un algunas líneas.

9 **Imagina qué ha sucedido antes de que se hayan pronunciado estas frases o qué está pasando en ese momento.**

¡Qué pena! De haberlo sabido, me habría traído un bañador.
● Hemos ido a visitar a un conocido. Tiene una piscina maravillosa y no lo sabíamos, hace buen tiempo pero no hemos traído bañador.
¡Qué rabia! Si me lo hubieran dicho, me habría traído las pastillas para la alergia.

_____

¡Qué horror! De haberlo sabido, habría propuesto que cada uno se pagara lo suyo.

_____

¡Qué pena! Hubiera sido mejor comprar el otro modelo más potente.

_____

¡Qué rollo! De haberlo sabido, me quedo en casa.

_____

¡Qué rabia! Si hubiera escuchado la radio, habría venido en tren.

_____

¡Qué mala pata! Si me hubieran avisado, habría traído el pasaporte.

_____

¡Qué vergüenza! De haberlo sabido, me hubiera puesto más elegante.

_____

¡Qué mala suerte! Si hubiera recibido la carta, me habría presentado.

_____

¡Qué lástima! Si me hubiera enterado, habría ido corriendo.

_____

Ahora, lo hacemos al revés: tienes el contexto. Inventa frases que podríamos decir usando: de haberlo/la + **Participio**... o si + lo/la + hubiera + **Participio**.

1. Con unos amigos hacéis una excursión por el monte. Lleváis bocadillos. A medio camino encontráis un sitio muy bonito con barbacoas y mesas.

   _____

2. Un amigo te dice que Eva, una amiga común, está enfadada contigo porque la viste por la calle y no la saludaste.

   _____

3. Llegan de pronto unos amigos a tu casa sin avisar. Tienes la nevera vacía.

   _____

4. El día siguiente te enteras de que ha actuado en tu ciudad tu cantante favorito.

   _____

Así puedes aprender mejor

Una de las características de la conversación coloquial es su tono vivencial y su gran carga expresiva. Fíjate en la siguiente conversación, la hablante está relatando un encuentro que se produjo en un bar. Habla de un hombre que lleva un buen rato mirándola.

(...) Al final ese hombre, no sé cuánto tiempo, quince minutos o veinte minutos..., se acercó a la mesa y me dijo: "Oye, ¿tú eres por casualidad la hija de Beatriz?", y yo le dije: "Pues sí, sí, sí, mi madre se llama Beatriz, pero no vive en el pueblo", dice: "No, ya sé que no vive en el pueblo, pero ¿verdad que se llama Beatriz?, que tiene sus hermanos, y tiene tantos hermanos y tal y cual...". Y yo: "Sí, sí, soy yo". Dice: "¿Y tú no sabes quién soy yo?". Y yo dije: "Pues no, la verdad no tengo ni idea", entonces me dice: "Pues mira, yo podría haber sido tu padre", "Ah, pues bueno, pues nada, encantada". (...)

Con mucha frecuencia en la conversación coloquial se insertan otras conversaciones mantenidas con anterioridad por uno de los interlocutores. La persona que las relata suele elegir permanecer fiel a la conversación original, relatarla tal como se produjo y además 'dramatizarla' o representarla con abundancia de gestos, una entonación muy marcada que refleje cómo se expresaron los hablantes en la conversación original, e incluso cambios de posición que imitan los movimientos de dichos hablantes.

¿Podrías representar este fragmento de la conversación? Ten en cuenta los gestos que harás para reforzar el relato: extrañeza, sorpresa..., y la entonación propia de emociones de este tipo.

FORMACIÓN DE PALABRAS (V): ADJETIVOS

Existen varias maneras de formar adjetivos con sentido opuesto a otros, o que niegan una cualidad o característica.

•••**O** Con el prefijo **a-** se expresa ausencia de una propiedad.

> **a**moral   **a**típico   **a**simétrico   **a**sexual

Ante vocal, el prefijo es **an-**.

> **an**alfabeto   **an**ovulatorio

•••**O** Con el prefijo **des-**: carencia o privación.

> *des*honesto   *des*leal   *des*igual   *des*organizado   *des*confiado

•••**O** Con el prefijo **in-**: carencia de una propiedad.

> **in**tolerante   **in**cuestionable   **in**justo   **in**voluntario   **in**necesario

Modificaciones:

$$\text{in} + \begin{cases} p \longrightarrow \textbf{imp}osible \\ r \longrightarrow \textbf{irr}acional \\ l \longrightarrow \textbf{il}ógico \end{cases}$$

•••**O** Con **anti-**: "que se opone a".

> **anti**imperialista   **anti**aéreo   **anti**gripal   **anti**nuclear

EL/LA/LOS/LAS + DE: IDENTIFICAR A ALGUIEN YA MENCIONADO

Cuando queremos aludir a un miembro de un conjunto, ya mencionado, y no queremos o no podemos repetir el sustantivo o su nombre propio, lo identificamos con una característica o con un tema con el que se le ha relacionado.

Los Martín Paños tienen tres hijas: Bárbara vive en Alemania y tiene un restaurante. La segunda hija, Laura, trabaja en un hospital en Lyon. Bibiana es la pequeña y vive en Milán. Tienen una boutique.

PODEMOS REFERIRNOS A ELLAS COMO

Bárbara:	**la de** Alemania	**la** mayor	**la del** restaurante
Laura:	**la de** Lyon	**la** segunda	**la del** Hospital
Bibiana:	**la de** Milán	**la** pequeña	**la de la** boutique

SUBORDINADAS SUSTANTIVAS (IV): INDICATIVO/SUBJUNTIVO

•••**O** **Que** + verbo en Subjuntivo nos permite referirnos a cualquier acción sin afirmar si ésta sucede o no.

> **Que** los niños hoy en día no **lean**…   (no afirmamos si leen o no)
> **Que haya** muchas personas solas…   (no afirmamos si hay o no)
> **Que** la gente **sepa** idiomas…   (no afirmamos si saben o no)

Con este recurso podemos formular opiniones o valoraciones, expresar dudas o convicciones, dar explicaciones, etc.

Que los niños hoy en día no **lean** {
puede deberse a que tienen otras diversiones.
me parece horrible.
es probable.
lo encuentro muy preocupante.
no es tan evidente.
yo no me lo creo.
}

• • • ○ En cambio, cuando queremos declarar algo, por ejemplo, informar de que "los niños hoy en día no leen", se usa Indicativo.

Que los niños hoy en día no **leen** {
es evidente.
nadie lo discute.
lo sabemos todos.
}

Por tanto, hay verbos de la oración principal que exigen uno u otro modo.

• • • ○ Con verbos que afirman una realidad: **es evidente, nadie lo discute, lo sabemos todos,** etc.

En forma afirmativa: el Indicativo es de uso obligado.

Que los niños **leen** es evidente.

En forma negativa, admiten Indicativo o Subjuntivo, de acuerdo con la regla anteriormente facilitada.

Que los niños hoy día no **lean** no es evidente.
(el hablante no se pronuncia)

Que los niños hoy día no **leen** no es evidente.
(el hablante se pronuncia: "No es evidente pero es cierto")

• • • ○ Con verbos que dejan en suspenso una realidad: **es posible que, es probable que, puede que...** es exigido el Subjuntivo.

Que los niños no **lean** es muy probable, pero habrá que demostrarlo.
Que los niños hoy no **leen** es muy probable, pero habrá que demostrarlo.

Atención:
Un pequeño truco: si podemos suprimir **que** y la frase principal sigue teniendo el mismo sentido, Indicativo.

Que esa empresa **va** muy mal,
yo lo veo muy claro.
es indiscutible.   (=esa empresa va mal)
está claro.

Que esa empresa **vaya** muy mal,
yo lo veo muy claro.
es indiscutible.   (=esa empresa va mal)
está claro.

JUICIOS MORALES

Eso
Robar
Que alguien **robe** por necesidad

{
está bien/mal.
no está bien.
me parece
lo veo
lo encuentro
lo considero
}

{
bien/mal.
comprensible/justificable/
inadmisible/vergonzoso/...
una vergüenza/una injusticia/...
}

> Que no nos hayan dicho lo que ha pasado me parece una vergüenza.

> ¡Pues yo lo encuentro una tontería! No tienen ninguna obligación.

USOS DEL CONDICIONAL: EL FUTURO EN EL PASADO

•••○ Cuando el punto de vista es un momento del pasado y desde ese punto de vista nos referimos a una acción posterior, ésta va en Condicional. Es como el futuro del pasado.

> **Estaba** en su casa de Ibiza sin saber que unos días después **llegaría** su hermana.
> (la acción de **llegar** es futura respecto a la de **estar**)

> El martes me **dijo** que **llegaría** el miércoles.
> (la acción de **llegar** es futura respecto a la de **decir**)

En lugar del Condicional, puede usarse la perífrasis **ir a**; entonces, el verbo **ir** va en Imperfecto de Indicativo.

> Me dijeron que **iban a intentar/intentarían** solucionarlo cuanto antes.

•••○ Esto es frecuente con verbos de pensamiento en la oración principal.

VERBO DE PENSAMIENTO	CONDICIONAL
Ella **contaba** con	
Ella **creía**	
Confiaba en	que nadie la **descubriría**.
Ana **pensó**	

CONSTRUCCIONES CONDICIONALES (IV): CONDICIONALES CON **DE**

Cuando el sujeto de la condición se puede presuponer, puede expresarse la condición con **de** + Infinitivo.

INFINITIVO COMPUESTO	PLUSCUAMPERFECTO DE SUBJUNTIVO O CONDICIONAL COMPUESTO
De haber sabido que estabais aquí,	no hubiera quedado con Alberto.
De haberme dicho que había otros niños,	me habría traído a mi hijo.
De haberme avisado,	yo habría ido enseguida.

LAS ACCIONES Y SUS CONSECUENCIAS

RESULTAR + PARTICIPIO/ADJETIVO	SALIR + PARTICIPIO/GERUNDIO
Resultó perjudicado/vencedor.	Salió beneficiado/ganando.

ACABAR
TERMINAR
{
GERUNDIO: Acabarás cediendo.
por + INFINITIVO: Terminarás por ceder.
con + NOMBRE: Acabarás con problemas.
}

ARGUMENTAR

Consulta las pág. 70-71 del Consultorio Lingüístico de *Gente con derechos*.

EL GERUNDIO EN FORMA NEGATIVA

•••○ Si es un complemento circunstancial de modo del verbo, la negación es con **sin** + Infinitivo.

> Lo hizo dándose cuenta.
> Abandonó el lugar despidiéndose.

> Lo hizo **sin darse** cuenta.
> Abandonó el lugar **sin despedirse**.

•••○ Si es una explicación del sentido del verbo, entonces se mantiene la negación del Gerundio.

> Creo que hiciste bien ayudándolos/al ayudarlos.
> Creo que hiciste mal **no ayudándolos/al no ayudarlos**.

VERBOS Y EXPRESIONES CON PREPOSICIÓN (VII)

ACUSAR DE	La **han acusado de** ser cómplice de asesinato.
CONFIAR EN	Actualmente, ya no se **confía en** la Justicia.
CORRESPONDER A	La taquilla 123 le **corresponde a** Jorge Pedroche.
ESTAR DE ACUERDO EN	No **estoy de acuerdo en** ese punto, lo encuentro muy injusto.
NEGARSE A	Esta vez **me niego a** asumir el trabajo de Pedro, es un gandul.
PARTICIPAR EN	¿Este año no **participas en** la campaña electoral?
REFUGIARSE EN	¡No puedes seguir **refugiándote en** sus brazos!
RESPONSABILIZARSE DE	Debes **responsabilizarte de** lo que haces, y no salir corriendo.
SER RESPONSABLE DE	¿Crees que Paco **es responsable de** lo que pasó en la fábrica?
TENER LA CULPA DE	Debes entender que él no **tuvo la culpa de** lo que pasó.
SER CULPABLE DE	No **somos culpables de** lo que pasó, por eso estoy tranquila.

•••○ En muchas ocasiones, la ausencia o presencia de la preposición, hace que cambie el significado del verbo.

> **Acaba/Termina** la sopa, Mafalda.

> **Acaba/Termina de ganar** un premio muy importante.
> (=una acción recién terminada)

> **Hemos aprovechado** la mesa para la salita. (=significado neutro)
> El gobierno **se aprovecha de** la buena stiuación económica mundial para adjudicarse méritos que no son suyos. (=actitud poco ética)

> **Cuenta las cajas** de libros. (=explicar algo o calcular la cantidad)
> **Cuento con Guillermo**
> **Cuento con que seremos** diez para mi fiesta. (=disponer o creer que se dispone de algo o de alguien)

> **Pienso cambiarme** de piso pronto. (=tener la intención de hacer algo)
> **Pensaré en** ti para la próxima plaza de becario. (=tener en cuenta, tener en consideración)

> Pedro, acabo de llegar. ¿Vienes a recogerme?

Autoevaluación

**Vamos a hacer una evaluación general del curso y de lo que hemos aprendido.
Para ello, responde a las siguientes preguntas:**

1. ¿Has participado suficientemente en clase? (Si crees que has participado poco, explica por qué.)
2. ¿Has progresado mucho durante este curso? ¿En qué aspectos?
3. ¿Qué es lo que más y lo que menos te ha gustado del curso?
4. ¿Has tenido alguna dificultad? ¿Cuál?
5. ¿Crees que ahora sabes más sobre la cultura hispana?
6. Si alguien te preguntara cuál es tu nivel de español, ¿qué le contestarías?
7. ¿Vas a continuar estudiando español? ¿Por qué?
8. ¿Qué puedes hacer para practicar todo lo que has aprendido?
9. ¿En qué aspectos o temas te gustaría profundizar?

Escribe a modo de resumen tus impresiones generales sobre el curso.

_____

_____

_____

_____

_____

_____

_____

_____

_____

Evaluación de Gente 3

Ahora, vas a evaluar Gente 3. ¿Qué te ha parecido el material?
Marca en cada casilla con una cruz tus impresiones sobre estos aspectos.

la interacción oral					
la lectura					
la comprensión auditiva					
la escritura					
la gramática					
el vocabulario					
la fonética y la pronunciación					
la cultura española y latinoamericana					
las actividades en grupos					
las actividades individuales					

— NOTA —

Ahora que te has autoevaluado, puedes hacer una fotocopia de estas dos hojas y entregársela a tu profesor. Le será de mucha utilidad para preparar las clases del próximo curso. Además, a nosotros nos encantaría recibir tus comentarios. Puedes enviarlos por correo electrónico a la dirección: editorial@difusion.com